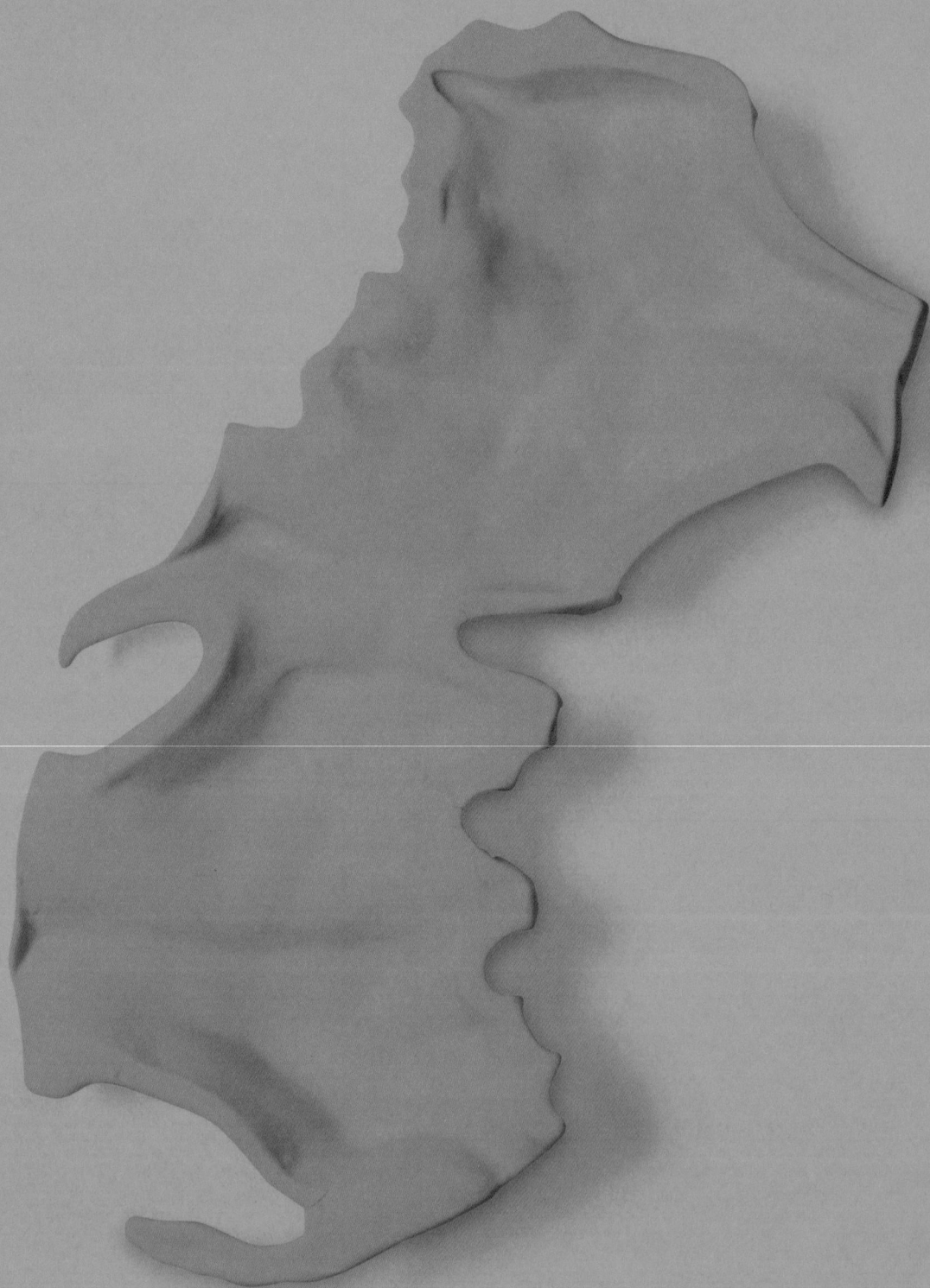

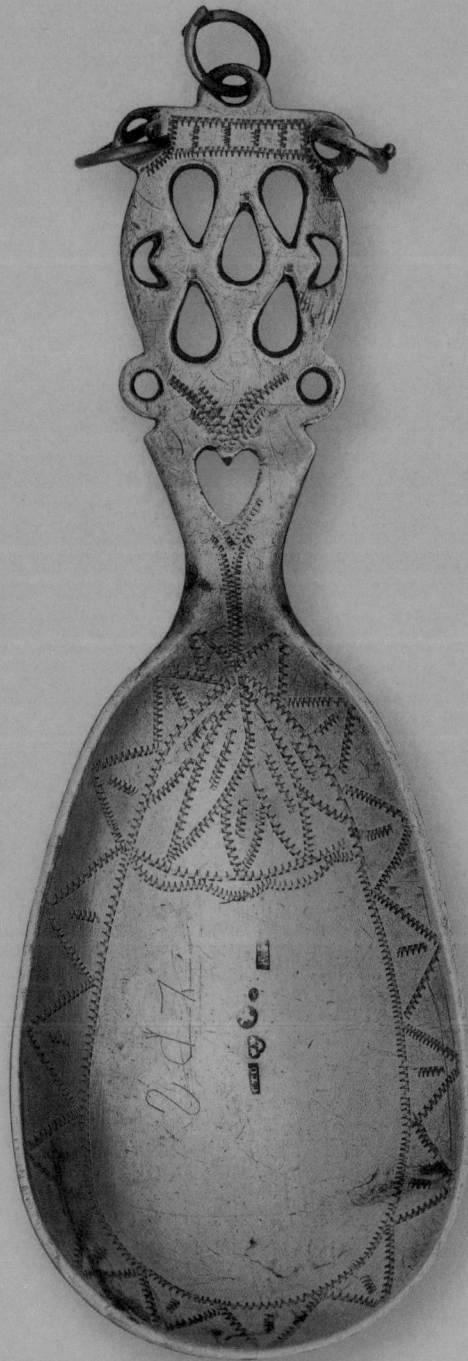

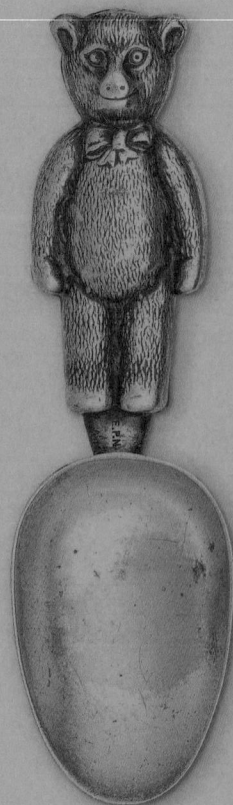

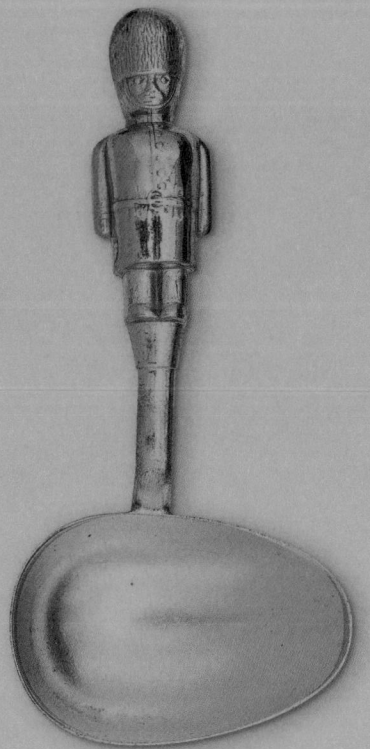

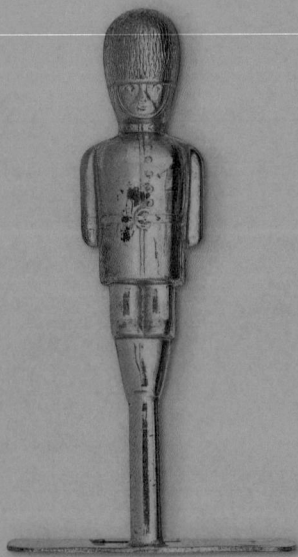

arnoldsche

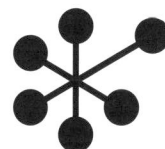

Aufgetischt Eine kulinarische Weltreise. Zur Kultur des Essens und Trinkens

Herausgeberinnen
Friederike Zobel
Katja Poljanac
Isabel Schmidt-Mappes

Ermöglicht durch die
Werner Wild Stiftung Pforzheim

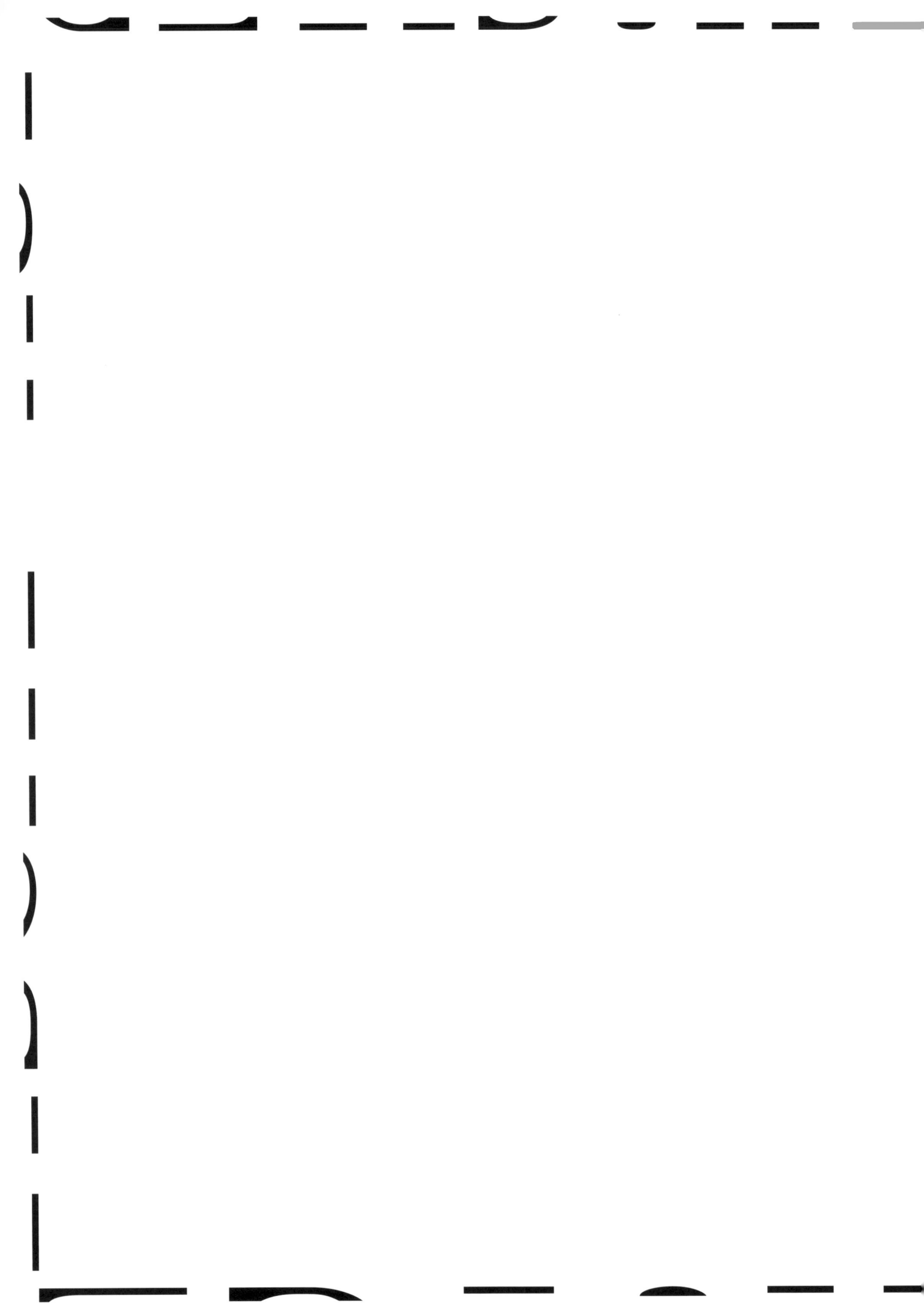

Wie wir essen, was wir essen und mit wem wir essen – all das erzählt viel über uns. Das gemeinsame Essen ist weit mehr als bloße Nahrungsaufnahme. Es ist ein kultureller Akt, ein soziales Ritual, ein Spiegel gesellschaftlicher Entwicklungen und globaler Verflechtungen. In Zeiten, in denen die Welt von Krisen, Konflikten und Umbrüchen erschüttert wird, gewinnt das gemeinsame Mahl eine neue, besondere Bedeutung. Es wird zum Ort der Begegnung, des Austauschs und der Verständigung – über kulturelle, politische und soziale Grenzen hinweg.

Die Sonderausstellung »Aufgetischt – eine kulinarische Weltreise« im Schmuckmuseum Pforzheim lädt dazu ein, die Esskultur in all ihrer Vielschichtigkeit zu entdecken: als Ausdruck von Repräsentation und Macht, als Medium für Austausch und Inspiration, als Träger von Erinnerung und Identität. Vom luxuriösen Barockbankett mit prunkvollem Tafelschmuck über höfische Trinkspiele bis hin zum Alltagsritual des morgendlichen Kaffees spannt sich der Bogen durch Zeiten, Regionen und Bevölkerungsschichten.

Vorwort

Historische Objekte der Gold-, Glas- und Porzellankunst treten in einen Dialog mit ethnografischen Kostbarkeiten, Gebrauchsgegenständen und zeitgenössischem Design. So entsteht ein facettenreiches Panorama globaler Esskulturen – sinnlich erfahrbar und überraschend aktuell. Denn viele der Themen, die sich an der festlich gedeckten Tafel vergangener Jahrhunderte zeigen, berühren uns bis heute: Fragen nach Genuss und Verzicht, nach Herkunft und Nachhaltigkeit von Lebensmitteln, nach Ritualen des Teilens und Zusammenlebens.

Mit dieser Ausstellung möchten wir den Blick für die Bedeutung von Esskultur als Teil unseres immateriellen Erbes schärfen. Sie ist Ergebnis einer intensiven Auseinandersetzung mit Objekten, Traditionen und zeitgenössischen Fragestellungen – kuratorisch, wissenschaftlich und gestalterisch. Die begleitende Publikation vertieft zentrale Themen der Schau, stellt Hintergründe vor und bietet Raum für Reflexionen über das gesellschaftliche und kulturelle Potenzial des gemeinsamen Essens.

In einer Welt, die von Spaltungen geprägt ist, lädt diese Ausstellung ein, Gemeinsamkeit neu zu denken – mit Neugier, Respekt und Sinn für das Schöne. Wie Michel de Montaigne (1533–1592) schon erkannte, ist das Gespräch die fruchtbarste Übung unseres Geistes – und wenn es bei gutem Essen geführt wird, gedeiht nicht nur der Dialog, sondern auch die Verständigung.

Friederike Zobel

Speiseschale (Vorder- und Rückseite)   Nordküste der Sepik-Region, Papua-Neuguinea, 19./20. Jh.

Katja
Poljanac

Aufgetischt – eine kulinarische Weltreise

Einführung

Einfach kompliziert – über die Kunst, Nahrung zum Mund zu führen

Warum nicht einfach mit den Händen »in die Vollen greifen«? Dies geziert, mit spitzen Fingern, genauen Regeln folgend zu tun oder einen besonderen Gegenstand dafür zu verwenden, stellt Distanz zum Nahrungsmittel und zum eigenen Körper her – ein Akt der Sublimierung. Die immer aufwendigere Nahrungszubereitung und die Verkomplizierung der Essrituale erfordern Impulskontrolle, Bedürfnisregulierung und Einübung der Etikette.[1] Das ist die Freiheit, sich gegen die eigene Natur zu entscheiden.

Essen dient nicht nur der Sättigung, sondern auch der Begegnung. Gemeinsam zu essen verbindet und kann zum gesellschaftlichen Ereignis werden. Verfeinerte Umgangsformen sind eine eigene Kunstform und dienen der sozialen Distinktion. Sie ästhetisieren die körperliche Nahrungsaufnahme, die am Übergang vom Mittelalter zur Neuzeit in Europa zunehmend schambehafteter wird, als es nicht mehr schicklich ist, sich die fettigen Finger am Tischtuch abzuwischen.[2] Seinen vollendeten Ausdruck findet der neue Standard in der Verwendung einer zierlichen Gabel[3] und einer Serviette ab dem 17. Jahrhundert.[4] Dabei wird das eigene Selbstverständnis als Kulturwesen gegenüber der »tierischen« Natur untermauert und das der Oberschicht gegenüber der einfachen Bevölkerung.[5]

[1]
Zu ungezwungenem versus formvollendetem Essen vgl. Pierre Bourdieu, *Die feinen Unterschiede. Kritik der gesellschaftlichen Urteilskraft*, Frankfurt a. M., 1987 (franz. 1979), S. 315 f.

[2]
Vgl. Norbert Elias, *Über den Prozess der Zivilisation. Soziogenetische und psychogenetische Untersuchungen*, Bd. 1, *Wandlungen des Verhaltens in den weltlichen Oberschichten des Abendlandes*, Frankfurt a. M., 1998 (zuerst 1939), S. 234, 262 f.

[4]
Vgl. Elias 1998, S. 213, 235.

[5]
Vgl. Bourdieu 1987, S. 315–317.

[3]
Ludwig der XIV. weigerte sich zeitlebens, eine Gabel zu benutzen. Vgl. Peter Peter, *Vive la Cuisine. Kulturgeschichte der französischen Küche*, München, 2019, S. 48.

Völlerei und Mäßigung

Das Wissen um die Kultivierung der Pflanzen und die Domestikation von Tieren haben den Hunger zurückgedrängt. Essen ist planbarer geworden. Indem Nahrungsmittel haltbar gemacht werden, kann sogar Überfluss erzeugt werden. Der Fermentation kommt hierbei eine besondere Bedeutung zu. Sie ermöglicht die Produktion einer großen Bandbreite an Milchprodukten, eingelegtem Gemüse, Wurstwaren wie Salami – und Alkoholika wie Wein, Bier oder Met. Die Lust am Rausch ist ein kulturübergreifendes Phänomen. Äußerst geschätzt ist die bewusstseinsverändernde Wirkung von Alkohol, die dem Bedürfnis nach Ekstase und Enthemmung entgegenkommt.[6] Wein ist seit dem Altertum von kultischer Bedeutung.[7] Mit dem Überfluss erschallt der Ruf nach Mäßigung – und das schon seit der Antike. Im Christentum zählen Trunksucht und Völlerei zu den »Todsünden«. Entsprechend sind ausschweifende kulinarische Genüsse über Jahrhunderte vornehmlich ritualisiert, zu festlichen Anlässen gesellschaftlich akzeptiert, gefolgt von alltäglicher Genügsamkeit.

[6]
Vgl. Hugh Johnson, »Der Wein und sein Wirken«, in: Meinrad Maria Grewenig, *Mysterium Wein. Die Götter, der Wein und die Kunst*, Speyer, 1996, S. 55 f.

[7]
Vgl. Grewenig 1996, S. 11.

17

Feste konstituieren eine Gesellschaft, ihre Kultur, und sie strukturieren den Jahreslauf.[8] In der heutigen Wohlstandsgesellschaft dagegen sind Fertignahrungsmittel aus hochkomplizierten industriellen Herstellungsprozessen überall zwanglos und vermeintlich *einfach* konsumierbar. Kunststoffverpackungen und Konservendosen halten Nahrungsmittel jederzeit verzehrfertig. Man isst wieder gerne »von der Hand in den Mund«.

8
Vgl. Aleida Assmann, »Feste als kulturelle Selbstinszenierungen«, in: Sabine Haag, Gudrun Swoboda, *Feste Feiern*, Wien, 2016, S. 27–31, hier S. 27 ff.

Augenlust – Form und Funktion des Essgeschirrs

Das sinnliche Erlebnis des Essens und Trinkens erstreckt sich über die Art der Darreichung. Das Auge isst bekanntlich mit. Die aufwendige Präsentation der Speisen und die Anordnung der Gedecke, der strikte Ablauf der Speisefolge und der Gebrauch einer wachsenden Vielfalt spezifischen Geschirrs bilden eine ästhetische Gesamtkomposition. Um kulinarische Köstlichkeiten genussvoll zu verspeisen, wird die Gestaltung des Essgeschirrs immer prächtiger. Der Formenreichtum ist kultur- und epochenübergreifend unermesslich. Ornamente und Dekore vermitteln Symbolwelten, erzählen Mythologien und erklären das jeweilige kulturelle Welt- und Selbstverständnis. Die Formensprache gibt die Funktion und Handhabung vor. »Mit dem Henkel reicht die Welt an das Gefäß heran, mit dem Ausguß reicht das Gefäß in die Welt hinaus«[9], so der Philosoph und Soziologe Georg Simmel. Der Henkel zeigt an, wo das Gefäß zu fassen, der Griff, wie das Besteck zu halten ist. Mitte des 17. Jahrhunderts werden die Griffe für ein Gedeck schließlich einheitlich gestaltet.[10] Aus der Logik der Zweckmäßigkeit folgt ein kulturübergreifender Kanon an Grundformen, die sich über Jahrtausende bewährt haben – seien es nun der Becher, die Schale oder der Löffel, die lediglich nach Geschmack variieren und in der Moderne zur Designfrage werden.[11] Material-, form- und werkgerecht sollen sie sein. Auf der Suche nach der *reinen Form* wird schließlich ganz auf das Ornament verzichtet.

Kunstvoll lassen sich Naturgegenstände wie die Kokosnuss oder der Flaschenkürbis verzieren und als Gefäß nutzen. Dem Luxusstreben sind kaum Grenzen gesetzt. Trinkpokale, die aus Nautilusmuscheln und Rhinozeroshörnern geschaffen sind, finden Eingang in fürstliche Kunstkammern. Diese Luxusgüter für eine kunstaffine Oberschicht repräsentieren

9
Georg Simmel, »Der Henkel«, in: Ders., *Philosophische Kultur. Über das Abenteuer, die Geschlechter und Krise der Moderne*, Berlin, 1998 (zuerst 1911), S. 111–117, hier S. 115.

10
Vgl. Jutta Krauß: »Das Vergnügen der Tafel gehört jedem Alter, allen Ständen, allen Ländern und allen Tagen an, es verträgt sich mit allen anderen Vergnügungen und bleibt bis ans Ende, um uns über den Verlust des Übrigen zu trösten.«, in: Jochen Amme, *Bestecke. Die Egloffstein'sche Sammlung (15.–18. Jahrhundert) auf der Wartburg*, Stuttgart, 1994, S. 9–19, hier S. 18.

11
Form follows function – lange bevor der Funktionalismus erfunden wurde. Louis Henry Sullivan, Anhänger der Chicagoer Schule, prägte den Leitsatz »form [ever] follows function« im Aufsatz »The tall office building artistically considered«, in: *Lippincott's Monthly Magazine*, March 1896, S. 403–409, hier S. 408.

Reichtum und Macht. Auch hauchdünn geschliffener Achat und Bergkristall sowie Bernstein und Koralle kommen zum Einsatz, prachtvoll gefasst in Gold und Silber. Naturmaterialien wie Holz oder Elfenbein werden fein geschnitzt. Durch die Entwicklung von Werkstoffen wie Ton, Glas oder Porzellan ergeben sich vollkommen neue Möglichkeiten der Formgebung und Nutzung. Exquisiten Pretiosen aus Zentren der Keramik-, Porzellan- und Goldschmiedekunst kommt hier in der Publikation eine glanzvolle Rolle zu. Oft sind es Einzelstücke von erlesener Güte oder aus manufaktureller Produktion. Die Porzellanarbeiten von Katja Sondermann illustrieren auf besondere Weise den Zusammenhang von *manus* (Hand) und *facere* (machen) im Produktionsprozess. Sie deuten auf die Beziehung des Objekts zum Körper, letztlich auf das Objekt als Erweiterung des Körpers.

Vom persönlichen Besteck zum Tafelservice

Mit pompösen Banketten und exquisitem Tafelschmuck zelebrierten die Fürstenhäuser Europas ihre Macht und vertrieben sich luxuriös die Zeit. Zur römischen Kaiserzeit *lagen* die Gäste zu Tische und aßen vornehm mit einer Hand. Bis über das Mittelalter hinaus wurde in allen Ständen aus der gemeinsamen Schüssel gelöffelt.[12] Der *freie* Mann trug ein Messer bei sich, das er gegebenenfalls auch zum Essen benutzte.[13] Das blieb bis ins 18. Jahrhundert so, man hatte sein persönliches Besteck dabei – nicht selten kuriose oder kostbare Unikate. Der soziale Rang wurde durch eine streng hierarchische Sitzordnung demonstriert. Trinkspiele und -automaten waren in der frühen Neuzeit Gegenstand allegorischer Darstellungen und belustigten die Gäste bei Hofe. Sie zeugen von herausragender Goldschmiedekunst und Erfindungsgabe. Im Barock verschmolz das zeremonielle Tafelgeschehen mit der Architektur zum Gesamtkunstwerk. Es kamen einheitliche Tafelservice in Mode,[14] die mit der Industrialisierung schließlich zur gehobenen Massenware für den bürgerlichen Luxus wurden. Hier lässt sich ein Bezug zur Pforzheimer Schmuck- und Uhrenindustrie herstellen. Feine Silberwaren wurden für den privaten Haushalt und die Gastronomie hergestellt. Zu den bekanntesten Herstellern von *Hotelsilber* gehört das Unternehmen der Gebrüder Carl und Otto Hepp in Pforzheim, das seit 1863 über Jahrzehnte Hotels in aller Welt belieferte und 1988 von der Württembergischen Metallwarenfabrik (WMF) übernommen wurde.

12
Vgl. Igor A. Jenzen, *Geschmackvoll. Bestecke des Jugendstils aus der Sammlung Giorgio Silzer*, Dresden, 1995, S. 9.

13
Vgl. ebd.

14
Vgl. Bernhard Heitmann, »Anmerkungen zur Entstehung und Entwicklung des Bestecks«, in: Bernhard Heitmann, Carlos Boerner, *Historische Bestecke aus der Sammlung des Museums für Kunst und Gewerbe Hamburg*, Hamburg, 2007, S. 11–19, hier S. 15 f.

Luxus wird alltäglich

Über die Zeit verfeinerten sich nicht nur die Essgeräte und Manieren bei Adel und aufstrebendem Bürgertum. Kunstvoll arrangierte Speisen konnten in Farbe, Form, Konsistenz und Geschmack so artifiziell sein, dass kaum mehr nachvollziehbar war, aus welchen Zutaten sie bestanden. Pasteten werden bereits auf sumerischen Keilschrifttafeln aus dem 2. Jahrtausend v. Chr. erwähnt.[15] Die Hochzeit der Pastetenzubereitung für den Adel und den Klerus begann im 16. Jahrhundert.[16] Wildbret, Geflügel und Fisch, raffinierte Soufflés und Konfekt waren Bestandteil üppiger Mahlzeiten, deren Rezepturen und Opulenz uns heute in Erstaunen versetzen. Allerdings kamen bestimmte Fleischsorten durch das Jagdprivileg des Adels nicht für jeden auf den Tisch. Den Verlockungen süßen Naschwerks waren die Reichen und Mächtigen besonders ausgesetzt, was zu raschem Zahnverlust führte. Elisabeth I. und Ludwig XIV. lächelten deshalb lieber mit geschlossenem Mund.[17]

Der kulturelle Austausch durch Handel, kriegerische Eroberungszüge und Migration bereicherte die Speisezettel mit exotischen Früchten und Gewürzen und veränderte über Jahrtausende die Sitten und Gebräuche. Vom 16. bis zum 19. Jahrhundert wurde die steigende Nachfrage nach Kolonialwaren wie etwa Zucker durch den transatlantischen Sklavenhandel zwischen Europa, Afrika und Amerika befriedigt, mit der Folge, dass Millionen von Menschen grausam versklavt und verschleppt wurden. So mancher ehemals koloniale Luxus gehört heute zum Alltag. Der morgendliche Kaffee, Tee oder Kakao etwa ist von unseren Frühstückstischen heute kaum mehr wegzudenken.

Nahrungsmittel erfordern eine spezifische Kultivierung und Zubereitung. Sie werden in komplizierten Verfahren haltbar gemacht, aufbewahrt und dargereicht. Daraus hat sich eine Vielzahl von Berufen entwickelt, vom Jäger bis zum Metzger und vom Koch bis zum Sommelier. Ganz neue Industriezweige sind entstanden.

Einige Nahrungsmittel haben auch kultischen Charakter, werden geopfert und mit (religiösen) Regeln oder Tabus belegt oder gelten als Mittel der Heilung und des »Anti-Aging«. Ob *Fast-*, *Slow-* oder *Superfood* – auch heute wird um Nahrung so mancher Kult betrieben, und es werden weiter unzählige Diskurse ausgefochten. Nicht zuletzt wird damit auch Kunst gemacht. Man denke nur an die Stilllebenmalerei oder an Vertreter der *Eat Art* wie Daniel Spoerri und Dieter Roth.

15 Vgl. Katharina Seidl, »Pastetenformen: Hummer, Birne, Apfel, Traube«, in: Sabine Haag (Hg.), *Fürstlich Tafeln*, Wien, 2015, S. 48.

16 Vgl. ebd.

17 Richard Barnett, *Mut zur Lücke. Kunst und Geschichte der Zahnheilkunde*, Köln, 2018 (zuerst engl. 2017), S. 44 f.

Die Welt zuhause

So widmet sich diese Publikation Besonderheiten der Esskultur aus aller Welt, die sich in unseren Breiten jüngst oder vor langer Zeit etabliert haben, aber auch gänzlich Ungewohntem. Im Zuge der weltweiten Verbreitung der Nahrungsmittel haben sich etliche Spuren zu ihrer Herkunft verwischt. Zusammenhänge werden aufgezeigt und aktuelle Bezüge hergestellt. Es entsteht ein Mosaik, das die Perspektiven erweitert. Mythen und Geschichten lassen sich erzählen und Kochrezepte austauschen. Im Dialog werden ethnografische Kostbarkeiten, historische Goldschmiedekunst, zeitgenössisches Design und Objekte der Alltagskultur präsentiert, um den Blick auf Gewohntes und Ungewohntes zu öffnen.

Krug mit Frauenkopf   Demokratische Republik Kongo, Ethnie der Mangbetu, 1. Hälfte 20. Jh.

Elfenbeinlöffel   Westafrika, 16. Jh.

Doppelschale   Salomoninseln, Papua-Neuguinea, 19./20. Jh.

Zwei Löffel, mit einer Kette verbunden   Deutschland oder Schweiz, um 1600

Besteckköcher mit Messer und Gabel der Maria Zuberin   Schweiz (?), 1590

24

Holzlöffel mit Futteral   Osmanisches Reich, Ende 17. Jh.

Feldflasche mit reicher Metalldrahtstickerei   Osmanisches Reich, 2. Hälfte 17. Jh.

26

Etrogdose   Piet Cohen, Amsterdam, um 1995–2001

ולקחתם לכם פרי עץ הדר

Papiertüte (Croissant)   David Bielander, München, 2016

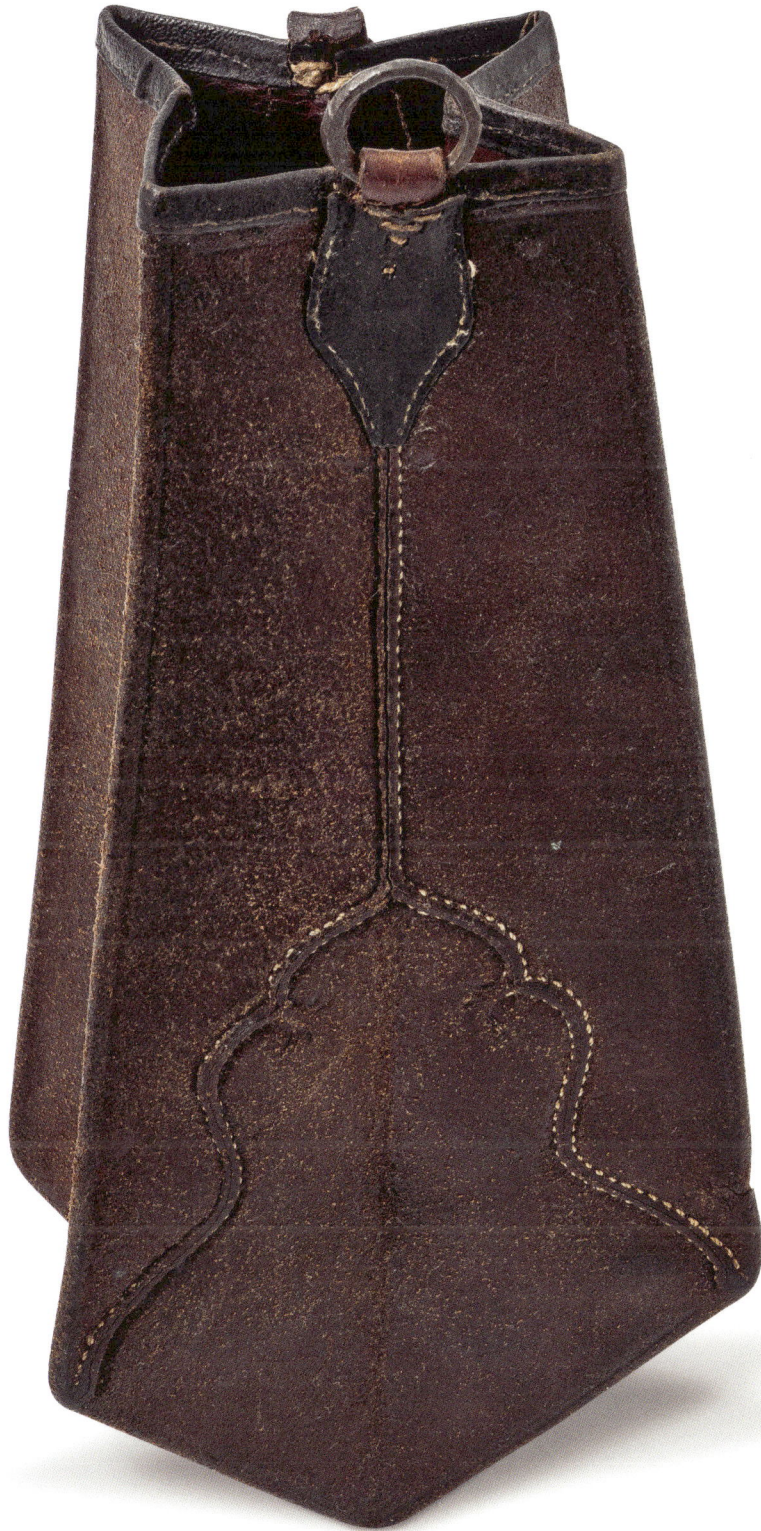

Großer Faltbecher aus Leder   Osmanisches Reich, Ende 17. Jh.

Fünfteiliges Essbesteck   China, vor 1878

Kürbisflasche mit Metalldrahtverzierung   Osmanisches Reich, 17. Jh.

Hirsebiergefäß   Südafrika, Ethnie der Zulu, Mitte 20. Jh.

Biergefäß mit Deckel   Sambia/Angola, 2. Hälfte 19. Jh.

Heike
Zech

Nürnberger Trinkgefäße für die Tafel: Vielfalt der Formen

Bis heute gibt es auf der Walz das althergebrachte Ritual des Stiefeltrinkens. Heutzutage werden hierfür Stiefel aus Glas verwendet. Ein mit silbernen Spangen und Deckel versehener Lederschuh als Trinkgefäß ↗39 in der handwerksgeschichtlichen Sammlung des Germanischen Nationalmuseums (GNM) galt als Nürnberger Paradeobjekt zünftiger Handwerksseligkeit und Tafelfreuden des 16. und 17. Jahrhunderts. Bei genauerer Betrachtung erweist er sich allerdings als späteres Werk, dessen Meister ↗39 sich sowohl mit früheren Arbeiten der Nürnberger Goldschmiedekunst als auch mit Gepflogenheiten der handwerklichen Trinkkultur bestens auskannte. Im Folgenden werden beide Themen skizziert, um abschließend den Schuh als Fallbeispiel noch einmal in den Blick zu nehmen.

Trinkkultur(en)

1
Transkribiert in:
Ernst Mummenhof,
Das Rathaus in Nürnberg,
Nürnberg, 1891,
S. 265–280; vgl. auch:
Ralf Schürer, »Nürnbergs
Goldschmiede und
ihre Auftraggeber«,
in: Karin Tebbe et al.,
*Nürnberger Gold-
schmiedekunst*, Bd. 2,
Nürnberg, 2007,
S. 70–119.

Nürnberger Trinkgefäße aus Silber und insbesondere Pokale waren ab dem späten Mittelalter weithin gefragte Waren. Der sogenannte *Silberzettel* (1613) der Stadt Nürnberg listet seitenweise Prunkgefäße für städtische Feste und als Geschenke auf.[1] Gestaltung und Größe passte man erfindungsreich den jeweiligen Tafelsitten und Moden an. Silber zeigte den Wohlstand und das Prestige seiner Eigentümer. Gerade Trinkgefäße wurden auch deshalb in die Inszenierung von Gastfreundlichkeit eingebaut, zum Beispiel als bei der Ankunft gereichte Willkommenspokale.

Der Schuhpokal steht in der Tradition mittelalterlicher und frühneuzeitlicher Zunftpokale, die in Gestalt eines typischen Produkts, Werkzeugs oder mit dem Handwerk verbundenen Tiers geschaffen wurden. Nürnberger Goldschmiede stellten für die in Nürnberg beheimateten Handwerke unter anderem Pokale in der Form von Bienenkörben für die Lebküchner ↗Abb.1 und einen als Fingerhut zu lesenden Becher für die Schneider ↗Abb.2 her.[2] Solche Pokale wurden bei den Zusammenkünften handwerklicher Vereinigungen gemeinsam genutzt und auf der Tafel platziert. Doch nicht nur im Zunftkontext erfreute man sich an Trinkgefäßen aus Metall mit sprechenden ↗48 und wunderbar virtuosen Formen. Die Betrachtung solcher Objekte in Museumsvitrinen lässt nur erahnen, wie das Licht bei Kerzenschein auf ihren Oberflächen einst getanzt haben mag. Formgebung und Verzierung konnten solche Effekte verstärken, etwa indem Gefäße mit dreidimensionalem Dekor ↗45 oder Buckeln ausgeschmückt wurden, wie im Fall der

2
Vgl. Dagmar
Thormann, *Zunftzinn
und Zunftsilber
im Germanischen
Nationalmuseum*,
Nürnberg, 1991,
S. 142–144.

1 ↗245

2 ↗245

↗45

34

um 1500 entstandenen Kupferschale ↗47, die dem Nürnberger Goldschmied Sebastian Lindenast d. Ä. zugeschrieben wird.[3] Sie ist bemerkenswert gut erhalten – nur an wenigen Stellen schimmert die Kupferlegierung durch die Vergoldung oder Silberauflage. In der Mitte dieser Hubertus- oder Jagdschale ruht ein Hirsch auf einem erhöhten Felsenplateau, ein bisweilen religiös gedeutetes Motiv. Wein- und Konfektschalen dieses Typs waren ein paneuropäisches Phänomen und wurden vom Kaukasus bis nach Frankreich und vom 14. bis ins 17. Jahrhundert in edlen und unedlen Metallen, jedoch stets nach dem bereits im Mittelalter entwickelten Modell hergestellt.[4]

↗47

3
Vgl. Gerhard Bott und Philippe de Montebello, *Nürnberg 1300–1550. Kunst der Gotik und der Renaissance*. Ausstellungskatalog, München, 1986, S. 221–222, Kat. Nr. 79.

Der lange Schatten des Mittelalters reichte in der Nürnberger Goldschmiedekunst weiter als in anderen Zentren, so dass sogar noch in der Mitte des 17. Jahrhunderts Deckelpokale ↗46 mit typisch gotischen Buckeln entstanden. Der handwerklich meisterhafte Pokal des Nürnberger Patriziers Johann Wilhelm Kress von Kressenstein zeigt eine Buckellandschaft, die mehrere Generationen älter sein könnte. Doch wagte der Goldschmied Jeremias Ritter (tätig 1605–1646) in Details Aktualisierungen des Designs, wie die Balustervase am Stiel des Gefäßes. Ein Inventar der Familie nennt zwei solcher Pokale, die wohl Gästen als Willkommen gereicht wurden oder eben auch auf der Tafel Platz fanden.

4
Vgl. Objekteintrag Onlinekatalog, London, V&A, Inv. Nr. M.9.1953 https://collections.vam.ac.uk/item/O91415/bowl-unknown/ (zuletzt abgerufen am 21.04.2025).

Zum Schusterpokal: zwischen Original und Nostalgie

Trotz verschiedentlicher Bemühungen konnte die Geschichte des Schusterpokals bisher nicht lückenlos nachvollzogen werden. Das Gefäß gehört zu einer Handvoll von Schuhen, die mit Silbermontierungen versehen wurden und als im deutschen Sprachraum verwendete Zunftpokale gedeutet werden.[5] Während für die meisten Schusterpokale Schnabelschuhe verwendet wurden, ist der sehr vereinfachte Schuh dieses Pokals vermutlich für die Weiterverarbeitung zum Trinkgefäß hergestellt worden. Nicht nur aufgrund dieses gänzlich anderen Ansatzes gilt dieser ungewöhnliche Schuhpokal als im 19. Jahrhundert, vielleicht in Hanau, entstandene Arbeit. Dort spezialisierte man sich damals darauf, eine internationale Käuferschaft mit Tafelgeschirr zu versorgen, das – wenn überhaupt – erst auf den zweiten Blick von historischen Originalen zu unterscheiden war.[6] Vom bescheidenen Löffel bis zum aufwendigen und schweren Silberaufsatz konnte man in Katalogen der dort ansässigen Firmen alles

5
Vgl. u. a. Alice Zrebiec, »With Bells on His Toes«, in: *The Metropolitan Museum Journal*, Bd. 24, 1989, S. 167–171.

6
Vgl. *Die Gold- und Silberstadt. Hanau und der Historismus*, Ausstellungskatalog Deutsches Goldschmiedehaus, Hanau, 2004.

für die historistische Festtafel finden. Der Schuh des GNM indes ist dort nicht zu entdecken. Auf der Innenseite des Deckels wurden drei Garantiemarken, die in dieser Kombination durchaus in Nürnberg zwischen 1767 und 1769 Verwendung fanden, eingeschlagen. Neben dem Nürnberger »N« als Garantiemarke der Stadt, die den Silbergehalt angibt, ist ein »A« als Datumsbuchstabe zu sehen. Die dreipassige Marke »GN über B« wurde von Georg Nicolaus I. Bierfreund seit seiner Meisterwerdung im Jahr 1740 bis zu seinem Tode 1784 verwendet. Allerdings wurde die Authentizität der Marke in Frage gestellt, die so ein Unikat bleibt, dessen Entstehungskontext und somit Zuschreibung derzeit offen bleiben.[7]

7
S. Karin Tebbe et al., *Nürnberger Goldschmiedekunst*, Bd. 1, *Meister – Werke – Marken*, Nürnberg, 2007, S. 57/58.

Vom Pokal zur Zuckerdose: neue Waren, neue Produkte

Dennoch kann Bierfreunds Biografie beispielhaft zeigen, wie sehr sich das Goldschmiedehandwerk in Nürnberg im 18. Jahrhundert änderte. Bierfreund war Mitglied einer Goldschmiededynastie: Sein Vorfahre Sigmund Bierfreund (Meister 1654, gest. 1683) war aus Ostpreußen nach Nürnberg gekommen. Dessen 37 nachgewiesene Arbeiten – eine ungewöhnlich hohe Zahl – sind dem Bereich des Trinkgeschirrs zuzurechnen, allen voran Pokale in Tulpengestalt. Ganz anderer Natur sind die zwanzig nachgewiesenen Arbeiten seines Enkels, Georg Nicolaus. Die Liste umfasst u. a. vier Zuckerdosen, zwei Teekannen und eine Kaffeekanne und dokumentiert verändertes Konsumverhalten, als aus fernen Ländern importierte Waren größere Verbreitung fanden. Die geringere Anzahl und die bescheideneren Arbeiten stehen zudem für einen Abwärtstrend der Nürnberger Goldschmiedekunst, der sich bei den Söhnen fortsetzte, die bis ins 19. Jahrhundert hinein in Nürnberg als Goldschmiede tätig waren. Zwar leisteten sich immer mehr Menschen Tafelsilber, kauften jedoch zunehmend in Manufakturen, die schneller und günstiger produzieren konnten – u. a. Pokale im Nürnberger Stil.

↗46

Becher mit einem Henkel   Bodman am Bodensee, 4./3. Jh. v. Chr.

Kanne mit Tasse, Untertasse und Milchkännchen   Entwurf Margarete Heymann-Loebenstein, Ausführung Haël-Werkstätten für künstlerische Keramik, Marwitz bei Velten, um 1925/30

Party-Trinkhelm   1990er Jahre

Trinkgefäß als Schuh   G. F. Bierfreund, gemarkt wie Nürnberg, wohl Hanau, 19. Jh.

Kyprisches Kompositgefäß   Zypern, frühkyprisch, Bronzezeit, 2000–1600 v.Chr.

Figurgefäß mit Steigbügelausguss in Form einer Maniokstaude   Peru, Moche-Kultur, 0–600 n. Chr.

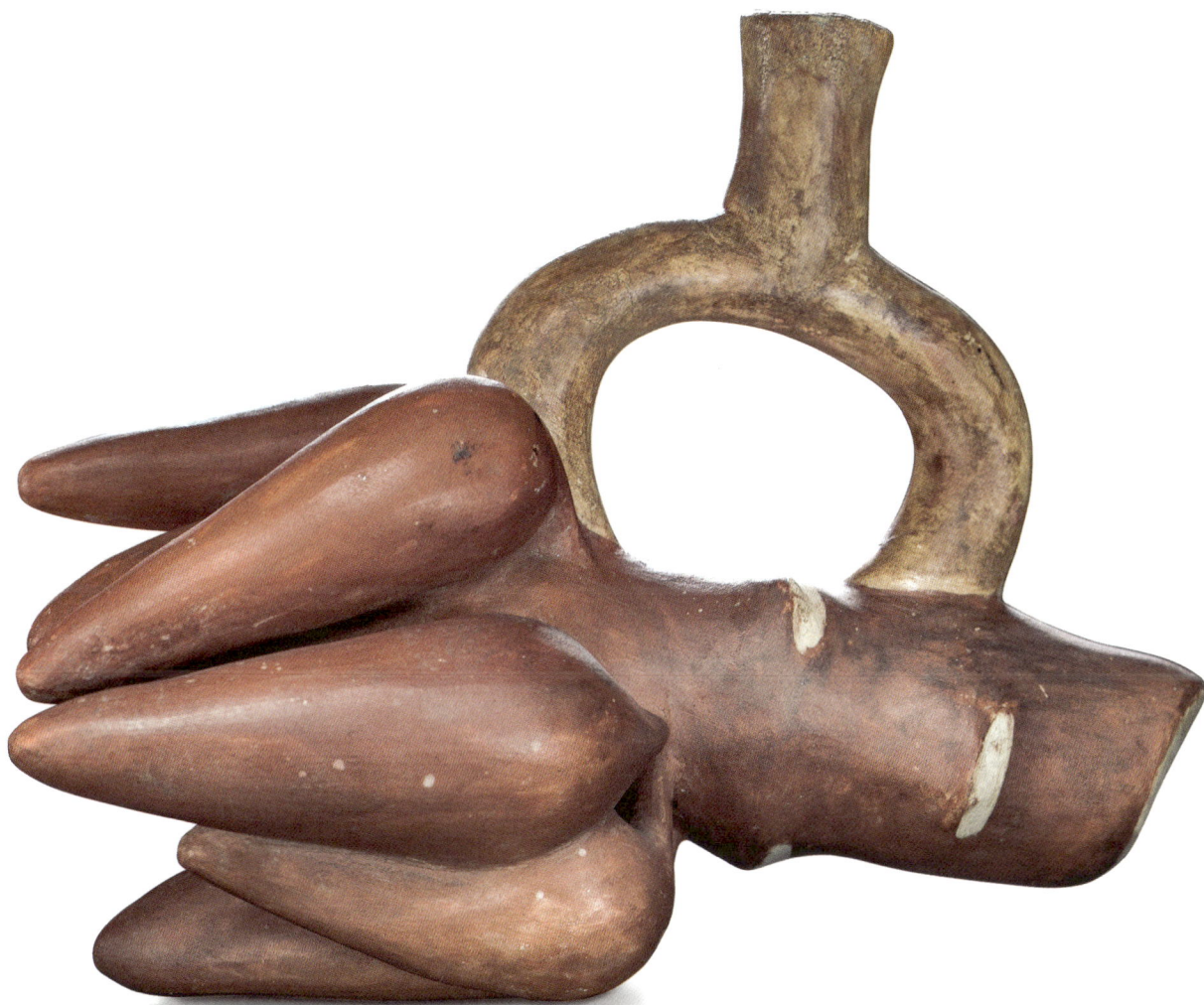

Enghalsflasche mit Darstellung der »Acht Kostbarkeiten«   China, Qing-Dynastie, um 1700

Gefäß für Palmwein »mimbo«   Basho, Kamerun, Ethnie der Anyang, vor 1904

Daubenbecher   Konstanz, Spätmittelalter, 13.–15. Jh.

Buckelpokal   Jeremias Ritter, Nürnberg, vor 1646

Konfektschale, sogenannte Hubertusschale   Sebastian Lindenast d. Ä. zugeschrieben, Nürnberg, um 1500

Granatapfelbecher   Nürnberg, um 1630

Hirschpokal   Süddeutschland, 2. Hälfte 16. Jh.

Prosecco-Halter »Stil«   Flo Schwab, Stuttgart, 2009

Schoole
Mostafawy

Von der »Goldenen Töpferware« und dem »Weißen Gold« – eine transkulturelle Erfolgsgeschichte in Ton

Keine Kultur blieb je »von der globalen Zirkulation von Menschen, Dingen, Zeichen und Informationen unberührt«.[1] Ohne den Austausch von Gedanken, Ideen und Waren wäre zweifellos der Stand unserer heutigen Zivilisation nicht denkbar. Händler, Eroberer und Soldaten, Pilger und Missionare, temporär oder dauerhaft Zugezogene: Sie alle hatten über Zeiten und Räume hinweg Anteil an diesem Transferprozess.

1
Mitterbauer
2003, S. 56.

Gerade die Entwicklung von keramischen Erzeugnissen in Eurasien gilt als das Paradebeispiel für eine wechselseitige kulturelle Befruchtung. Über die Handelsrouten gelangten im Verlauf der Zeiten nicht nur Lebensmittel und Gewürze nach Europa, sondern auch Luxusartikel wie das ↗26 Porzellan. Venedig dominierte lange den Handel mit der Levante. Am Tor zum Osten saßen die Hafenstadtbewohner schon bei einer Tasse Kaffee, als der »Türkentrank« seinen Siegeszug in Europa erst antrat. Dass dieser ↗31 aus reich bestickten Feld- oder Kürbisflaschen ↗26, ↗31 und ledernen Faltbechern ↗29 eingenommene Trank

2
Neumann 2019,
S. 22, s. auch
Kat. Nrn. 11–13,
S. 32–37.

↗29 zur Stärkung des Kampfesmuts osmanischer Soldaten diente, belegen Schriften und Trophäen aus den »Türkenkriegen«[2].

Im 17. Jahrhundert zählte chinesisches Porzellan zu den begehrten Luxusartikeln, die sich in Europa gleichermaßen großer Beliebtheit erfreuten wie im Reich der Perser und Osmanen. Die Entstehung der europäischen Chinoiserie stand dabei am Ende eines weit umfassenderen Transferprozesses. Auf dem Gebiet der Keramik begann der Austausch von Formen, Dekoren und ↗52 Techniken zunächst im Fernen Osten selbst. Vielschichtige Beziehungen zwischen China und seinen Nachbarn Korea, Japan, Vietnam und Thailand schufen erste Voraussetzungen für die vielfältigen Erscheinungsformen des Porzellans, die über die Seidenstraße in den Mittleren und Nahen Osten gelangten. Für die nach ostasiatischem Vorbild geschaffenen Keramiken wurde in der islamischen Welt der weiße Malgrund ein charakteristisches ↗112 Merkmal ↗52, ↗112. Den künstlerischen Anstoß hierzu gab die bereits seit dem 8. Jahrhundert importierte Ware der chinesischen Tang- (617/18–907) und frühen Song-Zeit (960–1126/1279). Von dort übernommen wurden Glasuren, die in Tropfen über einen glasurfreien Fuß auslaufen ↗112.

Höchstes Ansehen genoss neben seladonglasierten Gefäßen das Blau-Weiß-Porzellan ↗42. Das hochwertige Pigment Kobaltblau, das die Chinesen aus Ägypten und Persien importierten, wurde zeitweilig teurer als Gold gehandelt. Auf dem Höhepunkt der Produktion des Blau-Weiß-Porzellans in der Ming-Zeit (1368–1644) wuchs die Begeisterung für die exquisite Ware in Ostasien, in Persien, im Osmanischen Reich ↗42 und schließlich in Europa. Im Nahen Osten stellte sie die wichtigste Inspirationsquelle für heimische Töpfer dar, die das kostbare Gut imitierten und mit Dekoren aus ihrer eigenen Lebenswelt zierten. Als »persisches Porzellan« wurde in der Folge ein quarzfrittehaltiger Scherben mit kobaltblauer Unterglasurmalerei gehandelt, der teilweise regelrecht die Erzeugnisse der Ära Wanli (1572–1620) kopierte und noch vor dem chinesischen Porzellan in Delft Nachahmung fand.

Im 18. Jahrhundert florierte der Import von Blau-Weiß-Ware und des zunehmend begehrten japanischen Porzellans weiter. Die Chinesen reagierten auf die Bedürfnisse des eurasischen Markts mit eigens hierfür entwickelten Motiven. Das Blau-Weiß-Porzellan der Ära Kangxi (1654–1722) oder die in China produzierte Imitation des farbenfrohen japanischen Imari-Porzellans, etwa in Gestalt der dreiteiligen *Trembleuse* für den Genuss von Kakao ↗58, sind hierfür ↗58 eindrucksvolle Beispiele. Von europäischen Gold- und Silberschmieden hinzugefügte Montierungen veredelten die exotische Ware so lange, bis alchemistische Versuche auf die Zusammensetzung des Porzellans stießen und in Meissen die Ära des »Weißen Golds« einleiteten.

Zu den frühen Produkten der Kultursymbiose zählt auch das sogenannte Reiskornporzellan. Moderne Nachahmungen dieser Keramik, zu deren Charakteristikum die Technik des Durchbruchdekors wird, finden sich auf Gefäßen aus der Produktdesignlinie der finnischen Firma Iittala ↗152 oder auf Massenware aus heutigen Asialäden. Während der elfenbeinfarbene Effekt der Glasur sowie der dünnwandige Scherben Anregungen des chinesischen Porzellans folgen, wird die Technik des unter der Glasur geschnittenen Dekors der Erfindung persischer Töpfer zugeschrieben und wirkte ihrerseits auf China ein. Bis zum Einfall der Mongolen im 13. Jahrhundert wurde diese Ware in den entlang der Seidenstraße gelegenen Städten Rayy und Nishapur hergestellt ↗112, bevor sie den Weg nach China fand. Als Vorbild dienten edle Luxusgefäße aus punziertem Metall, die der Empfehlung des Propheten Mohammed folgten, möglichst auf Gefäße aus Edelmetall zu verzichten. Im späten 18. Jahrhundert kehrte die in Vergessenheit geratene und nun durch das chinesische Reiskornporzellan inspirierte Technik über den Hauptumschlagplatz Gombroon am Persischen Golf in den Iran zurück. Kombiniert mit einer blauen Unterglasurmalerei, erfuhr diese Ware unter der Dynastie der Qadjaren (1779–1925) eine letzte Blüte.

↗152

Noch eine weitere, im Geiste des Islam entstandene Innovation zeugt von dem allzeit lebendigen Kulturaustausch im euromediterranen Raum: die spanische Lüsterkeramik ↗139. Das Ende der über sieben Jahrhunderte währenden arabisch-islamischen Herrschaft in Andalusien fällt mit der Erschließung der Welt zusammen, in deren Folge Spanien politisch und kulturell zum Weltreich avancierte. Im *Siglo de Oro* bildeten sich Mischstile wie der *Mudéjar* aus. Diese Synthese aus christlicher und islamischer Kunst des Mittelalters lebte in der Lüsterware der aus Italien eindringenden Renaissance fort. Vorangegangen waren der Produktion dieser von al-Idrisi (um 1100–1166) als »Goldene Töpferware« bezeichneten Keramik Spaniens die ersten Experimente im Reich der Abbasiden (749–1258) und im fatimidischen Ägypten (909–1171). Im hohen Mittelalter wurde die Technik in Persien und Syrien weiter verfeinert ↗53, bevor sie über einwandernde Töpfer die Produktionsstätten in Calatayud, Murcia und Málaga erreichte.

↗139

↗53

Die über Jahrhunderte währende Wertschätzung für keramische Erzeugnisse zeigt sich nicht nur an nachträglich angebrachten Metallmontierungen, sondern auch in ausgefeilten Reparaturtechniken. Während die Restaurierung von Keramik mit metallenen Heftklammern bis zum ausgehenden 20. Jahrhundert ein eigener Berufszweig war, setzte Japan mit seiner Flickkunst die Idee von der Schönheit in der Unvollkommenheit um. Narben in Gold auf Teeschalen

↗137 oder Flaschen ↗56 sind dem ästhetischen Konzept des *Wabi-Sabi* verpflichtet. In die Zeit des Shogunats von Ashikaga Yoshimasa (1436–1490) fiel die Goldlackreparatur des *Kintsugi*. Das Kitten der Bruchstellen mit *Urushi*-Lack lehrt, dass Schönheit weniger in der Perfektion zu finden ist als im guten Umgang mit den Brüchen und Versehrtheiten. Im übertragenen Sinn sind es genau diese Brüche in der Entwicklung der Feinkeramik, die unsere kulturelle Verflechtungsgeschichte so spannend werden lassen.

↗137

↗56

Bibliografie

Badisches Landesmuseum (Hg.): *100 Objekte – 100 Geschichten. Dem Fremden im Eigenen auf der Spur*, Karlsruhe, 2014.

Lorenzetti, Chiara: *Kintsugi. The Japanese Art of Repairing with Gold. Technical manual*, Breslau, 2023.

Mitterbauer, Helga: »Acting in the Third Place. Vermittlung im Spannungsfeld kulturwissenschaftlicher Theorien«, in: Celestini, Federico, Helga Mitterbauer (Hg.), *Ver-rückte Kulturen. Zur Dynamik kultureller Transfers*, Stauffenburg Discussion, Studien zur Inter- und Multikultur, Nr. 22, Tübingen, 2003, S. 53–66.

Möller, Jakob: »Spanische Keramik des 15. bis 17. Jahrhunderts«, in: Badisches Landesmuseum (Hg.), *Spanische Keramik des 15. bis 17. Jahrhunderts. Bestandskatalog Badisches Landesmuseum Karlsruhe*, Bildhefte des Badischen Landesmuseums Karlsruhe, Neue Folge, Nr. 5, Karlsruhe, 2013.

Mostafawy, Schoole: »Islamische Keramik«, in: Badisches Landesmuseum (Hg.), *Islamische Keramik. Bestandskatalog Badisches Landesmuseum Karlsruhe*, Bildhefte des Badischen Landesmuseums Karlsruhe, Neue Folge, Nr. 3, Karlsruhe, 2007.

Mostafawy, Schoole, Szlaužys-Mann, Rita Anna und Jordan, Marion: »WeltKultur / GlobalCulture«, in: Badisches Landesmuseum (Hg.), *WeltKultur / GlobalCulture. Führer durch die kulturgeschichtliche Abteilung des Badischen Landesmuseums Karlsruhe*, Karlsruhe, 2014.

Mostafawy, Schoole: »Alchemistische Transformation in Ton«, in: Edenheiser, Iris, Larissa Förster (Hg.), *Museumsethnologie. Eine Einführung – Theorien, Debatten, Praktiken*, Berlin, 2019, S. 250.

Neumann, Christoph K.: »Mit dem Fremden eng verbunden. Das 17. Jahrhundert als Zeit globaler Verflechtungen«, in: Badisches Landesmuseum (Hg.), *Kaiser und Sultan – Nachbarn in Europas Mitte 1600–1700*, Begleitpublikation zur Großen Landesausstellung des Badischen Landesmuseums Karlsruhe 2019/2020, München, 2019, S. 19–25; Kat. Nrn. 11–13, S. 32–37.

51

Teller der Gattung »Nishapur-Ware« mit Inschrift
Afrasiyab (Alt-Samarkand), Usbekistan, oder Nishapur, Iran, Samaniden-Dynastie, Ende 10. Jh.

Schale mit Lüstermalerei   Kaschan, Iran, Seldschuken-Dynastie, Ende 12. Jh.

Schöpflöffel Admiralitätsinseln, Bismarck-Archipel, Papua-Neuguinea, 1890–1906

Klappbarer Löffel   Deutsch, 2. Hälfte 17. Jh.

Schale mit Löwenprotome   Phönizien, Syrien, 9. Jh. v. Chr.

Sakeflasche in Gestalt einer liegenden Ente   Provinz Satsuma, Japan, Edo-Zeit, 19. Jh.

Sakeschale   Niigata, Honshū, Heisei-Zeit, 2003

Trembleuse in Imitation des Imari-Porzellans   Paul Solanier (Silberschmied), China/Augsburg, um 1700

Gefäße in Form eines Schlundes   Katja Sondermann, Pforzheim, 2005

Becher   Demokratische Republik Kongo,
Ethnien der Bakuba, 19. oder frühes 20. Jh.

Krug »Ketro metawe«   Araukanien, Chile,
Ethnie der Mapuche, 1897

Gefäß mit dem Relief einer stehenden anthropomorphen Figur und Kulturpflanzen
Chimbote, Peru, Moche-Kultur, 0 – 600 n.Chr.

Steinnapf für Pulque   Mexiko, Ethnie der Mixteken, Postklassik, 15.–16. Jh.

Pilgerflasche   Rheinland, 17. Jh.

Tongefäß mit Steigbügelausguss und Darstellung anthropomorpher Bohnen   Nasca, Ica, Peru, Moche-Kultur, 0 – 600 n.Chr.

Tongefäß mit Steigbügelausguss in Form einer Kartoffelknolle   Peru, Chimú-Kultur, 1000 – 1450

Depas Amphikýpellon   Troja, 3. Jh. v. Chr.

Gefäß »Aribalo«   Cuzco, Peru, Inka, 1450 – 1550

Gefäß mit Steigbügelausguss in Form einer Maisgottheit   Peru, Moche-Kultur, 0–600 n.Chr.

Schokoladenkanne   Königliche Porzellan-Manufaktur Meissen, um 1745

Tongefäß mit Ausguss   Zacapa, Guatemala, Maya, späte Präklassik, 400 – 300 v. Chr.

Mokkatasse »Hallesche Form«
Entwurf Marguerite Friedlaender-Wildenhain, Trude Petri,
Ausführung Staatliche Porzellan-Manufaktur Berlin, 1930

Mokkatasse mit Untertasse
Entwurf Max Vopel,
Ausführung Königliche Porzellan-Manufaktur Berlin, 1902

Service Entwurf Dagobert Peche, Ausführung Wiener Werkstätte, Wien, um 1922

Espressotassen aus Kaffeesatz   Entwurf Julian Lechner, Ausführung Kaffeeform, Berlin, 2009/2015

Henkelbecher mit Fuß   Iran, 1250 – 1000 v. Chr.

Isabell
Immel

It's Magic!

Wir kennen viele Löffel aus unterschiedlichen Kulturen und Zeiten, die nicht oder nicht nur für den alltäglichen Gebrauch beim Essen benutzt wurden. Vielmehr fanden sie zeichenhafte Verwendung in übergeordneten gesellschaftlichen Kontexten. Sie wurden verschenkt, bewahrt, vererbt, gesammelt oder getragen, wurden zu bestimmten Gelegenheiten von bestimmten Personen benutzt und besaßen neben einem etwaigen materiellen Wert eine Botschaft, die gelesen werden konnte: Anerkennung, Wertschätzung, Kundgabe sozialer Bindung oder des Status in der Gesellschaft. Offensichtlich hatte der Löffel über seine eigentliche Funktion hinaus immer schon das Potenzial, eine große symbolische Bedeutung zu tragen. Ob es damit zusammenhängt, dass der Esslöffel lange Zeit das einzige Speiseutensil war, das der Mensch gänzlich in den Mund führt und sich somit quasi einverleibt, oder damit, dass der Löffel sozusagen das erste und letzte Speisegerät im Leben des Menschen ist, sei dahingestellt.

In den Sammlungen des Deutschen Klingenmuseums Solingen wird eine große Zahl dieser bedeutungsvollen Löffel aufbewahrt: Tauflöffel, Hochzeitslöffel, *love spoons*, Souvenirlöffel, Sammellöffel usw. Eine kleine Schnittmenge von ihnen zeichnet sich durch ein eigentümliches Motiv aus: den Ring, der einzeln oder mehrfach als Kette am Löffel hängt. Wir finden dieses Element an Holz- und Metalllöffeln aus verschiedenen Regionen, seien es Grönland, Mexiko, die Schweiz, Russland oder Kongo, um nur einige Beispiele zu nennen. Hat der Ring oder die Kette am Löffel neben einem möglichen praktischen Nutzen noch tiefergehende Bedeutungen, die sich aus den jeweiligen komplexen Sinnzusammenhängen der Stücke erklären?

Als erstes ist es eine sehr sinnliche Erfahrung, nimmt man einen solchen Löffel mit Kettengliedern in Augenschein und in die Hand: Diese Löffel machen Spaß! Sie sind besonders reizend, weil sie Geräusche machen, wenn man sie schüttelt, vom silberhellen Rasseln bis hin zum warmen Klappern, je nach Material. Man nimmt sie anders in die Hand, um sie hin- und herzudrehen oder um sie nicht zu verheddern, wenn eine längere Kette daran hängt. Sie zeigen mehr Facetten und Ansichten, sprechen Assoziationen an, die Gedanken kommen ins Spielen.

So ergeht es einem auch bei einem Blickfang der Kunstkammer-Abteilung des Deutschen Klingenmuseums. Das Objekt besteht aus 34 Kettengliedern und zwei gleichen Löffeln ↗23. Beide Löffel sind typisch für die große Gruppe der gedrungenen Löffel mit großer Laffe und kurzem Stiel, wie sie in Europa im Zeitraum vom 15. bis zum 17. Jahrhundert nachweisbar sind. Auch das Motiv des gedrehten Löffelstiels zeigt sich in dieser ↗23 Zeit oft. Es wirkt hier allerdings beinahe wie ein Kunstgriff, denn der Löffelstiel ähnelt einer langen, verdrehten Öse, in der das jeweilige erste Kettenglied hängt.

Das Obstbaumholz, das mit großer Wahrscheinlichkeit Birnbaumholz ist, könnte auf einen Herstellungsraum in Mitteleuropa verweisen, wo Birnbäume gut wuchsen und wo ihr Holz begehrt für kostbare Schnitzereien war. Die Löffel zeigen Abnutzungsspuren an den Rändern, und dunklere Farbschatten auf der Hälfte der Laffe weisen darauf hin, dass mit diesen beiden Löffeln auch gegessen wurde.

Das ganze Objekt – die 34 Kettenglieder und die zwei Löffel – sind aus lediglich einem Stück Holz herausgeschnitzt! Diese meisterhafte Leistung dürfte neben größtem handwerklichem Geschick auch ein hohes Maß an Sorgfalt und Geduld erfordert haben. *Magic woodcarving* ist der Begriff, der von dem Meisterschnitzer Bjarne Jespersen für solche Arbeiten eingeführt wurde: Es ist die zaubergleiche Kunst, einem Holzblock schier unmögliche Formen zu entlocken. Die deutlichen Spuren einer Nutzung legen nahe, dass dieses Stück nicht zum Bestaunen allein gedacht war, sondern in einem speziellen Zusammenhang zum Einsatz kam. Wir kennen beispielsweise aus dem norwegischen Raum ähnliche Objekte aus dem 19. Jahrhundert, die von Brautpaaren zum Löffeln des traditionellen Hochzeitsbreis benutzt wurden. Ob nun immer aus einem Holzstück geschnitzt oder nicht, machten sie dem Hochzeitspaar als auch den Zuschauenden doch sehr deutlich, wer nun fürs Leben aneinandergebunden war. Es ist leicht vorstellbar, dass auch unser *magic woodcarving*-Objekt im Kontext von Hochzeitsfeierlichkeiten und -brauchtum verwendet wurde.

Ein ganz anderes Beispiel eines Löffels mit Ringelementen aus dem Deutschen Klingenmuseum ist ein kleiner Silberlöffel ↗ 78. Er wurde von dem schwedischen Gold- und Silberschmied Carl Theodor Öhman im Jahr 1859 gefertigt. Blank und schlicht, organisch in seiner schwingenden Form kommt dieses schmucke Stück nahezu wie ein Handschmeichler daher. Abgesehen von seiner geschmeidigen Form, seiner hellen silbernen Farbigkeit, sind ↗ 78 es die Gravierungen, Durchbrüche und angebrachten Ringe, die reizvoll im Kontrast zum blanken Metall stehen. Die Laffe wird von einem Zackenlinienband umlaufen, das unterhalb des Löffelstiels in einem Blatt- oder Blütenelement aufgeht. Der Griff ist flach und mit Durchbrüchen gestaltet: Ein ausgestanztes Herz direkt über der Laffe und fünf tropfen- sowie zwei halbmondartige Durchbrüche sind symmetrisch angeordnet, ebenso die fünf Ösen, von denen in den drei oberen Ringe eingehängt sind – zwei Ringe scheinen verloren gegangen zu sein. Hing an den Ringen vielleicht eine Kette?

Vom Gold- und Silberschmied Carl Theodor Öhman weiß man, dass er – wie so viele andere Goldschmiede vor ihm auch – Silbergefäße und Silberlöffel für eine sámische Auftraggeberschaft herstellte. Die Sámi orderten silberne Kopien ihrer traditionellen Löffel aus Rentierhorn, die jede und jeder besaß und meist in einem am Gürtel getragenen Lederbeutel verwahrte. Auch diese Silberlöffel wurden als wertvoller Besitz mit sich getragen. In der Sammlung des Nordiska Museet in Stockholm findet man ein solches Beispiel als Teil eines sogenannten *Redskapsgehäng*, einer Lochscheibe, die am Gürtel getragen wurde und an der verschiedene Utensilien für den alltäglichen Gebrauch befestigt waren. Der Lederbeutel, reich behängt mit Messingringen, ist nicht nur mit einem Löffel aus Rentierhorn bestückt, sondern mit einem Silberlöffel von Carl Theodor Öhman, der dem des Klingenmuseums zum Verblüffen ähnlich sieht.

Die spannenden Wechselbeziehungen zwischen der nordischen Silberschmiedekunst und den sámischen Rentierhornlöffeln werden besonders da bemerkenswert, wo Muster und Motive über die Jahrhunderte hinweg unverändert übernommen wurden. Das häufig auftauchende Stilmerkmal der angehängten Ringe findet sich dabei nicht nur bei den Rentierhornlöffeln und den Silberlöffeln. Ringe und Ketten sind in der materiellen Kultur der Sámi ein wiederkehrender Bestandteil. Anders als in anderen Kulturen des nordisch-skandinavischem Raums waren Ringe oder Ketten nicht nur Zierrat. Sie waren auf-

geladen mit unheilabwehrenden oder magischen Kräften. Aus Messing gefertigt, wurden sie zu apotropäischen Zwecken an Kleidungstücke angebracht, beim Ritual der Bärenjagd eingesetzt und beim Schlagen der Zaubertrommel durch den Schamanen benutzt.

Vor diesem Hintergrund lassen sich die Ringe an unserem silbernen Sámi-Löffel vielleicht anders lesen. Sie wären nicht bloß ein traditionsreiches Motiv, das wie die typischen Formen und Dekore der Löffel die Zugehörigkeit zur eigenen ethnischen Gemeinschaft signalisiert. Vielmehr würden sie womöglich durch magische Kräfte die Person schützen, die den Löffel bei sich trägt, und sie auf einer höheren Ebene mit ihrer Kultur verbinden.

Bibliografie

Fjellström, Phebe: *Lapskt silver: studier över en föremålsgrupp och dess ställning inom lapskt kulturliv*, with an English summary, Landsmåls- och folkminnesarkivet i Uppsala, Stockholm, 1962.

Immonen, Visa: »Sámi Spoons as Artefacts of Ethnicity: Archaeological Reflections on an Ethnographic Artefact Group«, People, Material Culture and Environment in the North: Proceedings of the 22nd Nordic Archaeological Conference, University of Oulu, 18–23 August 2004, 1. Januar 2006. https://www.academia.edu/2542611/S%C3%A1mi_spoons_as_artefacts_of_ethnicity_Archaeological_reflections_on_an_ethnographic_artefact_group (zuletzt abgerufen am 11.06.2025).

Jesperson, Bjarne: *Woodcarving Magic: How to Transform a Single Block of Wood into Impossible Shapes, with 29 Projects for Carving Interlocking Rings, Cages & Other Amazing Geometric Designs*, East Petersburg, 2012.

Kinzel, Volker: *Der Löffel*, Berlin, 2014.

Klein, Ernst: »Lapsk hornslöjd och nordiskt silversmide«, 1922, S. 65–88. https://nordiskamuseet.diva-portal.org/smash/get/diva2:1247494/FULLTEXT01.pdf (zuletzt abgerufen am 11.06.2025).

Redskapsgehäng, Nordiska Museet Stockholm, NM.0090871G, https:/digitalt-museum.se/011023523584/redskapsgehang (zuletzt abgerufen am 11.06.2025).

Es sei an dieser Stelle Andreas Krupa und Charlotte Hoffmann vom Cologne Institute of Conservation Sciences, Köln, für die fachkundige Untersuchung des Holzobjekts herzlich gedankt.

Löffel   Carl Theodor Öhman, Piteå, Schweden, 1859

Sago-Gabel   Papua-Neuguinea, Gruppe der Tobati, vor 1905

Jugendstil-Bestecksatz   Entwurf Heinrich Vogeler, Bremen, um 1899

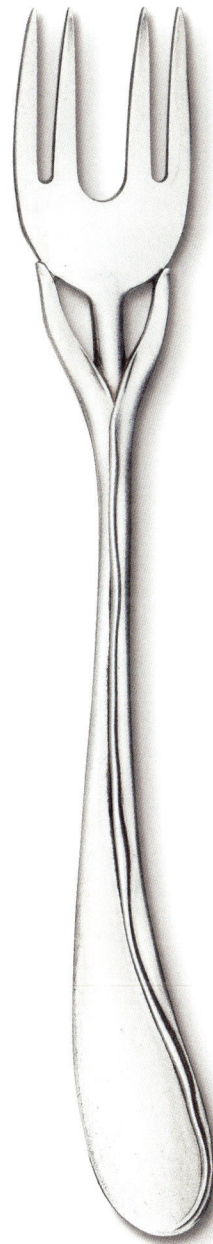

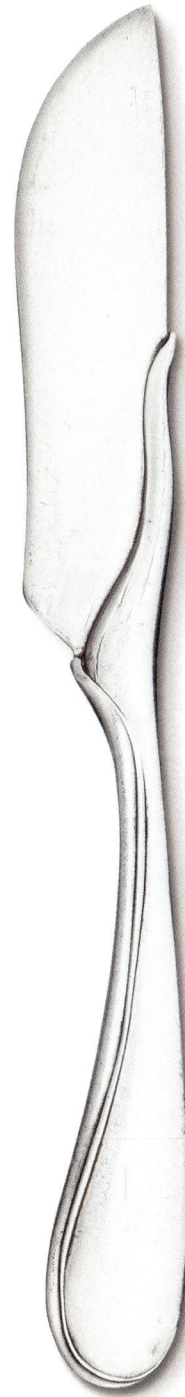

Dröppelminna   Form 3. Viertel 18. Jh.

Teekanne   Entwurf Paula Straus, Ausführung Peter Bruckmann & Söhne, Heilbronn, ab 1931

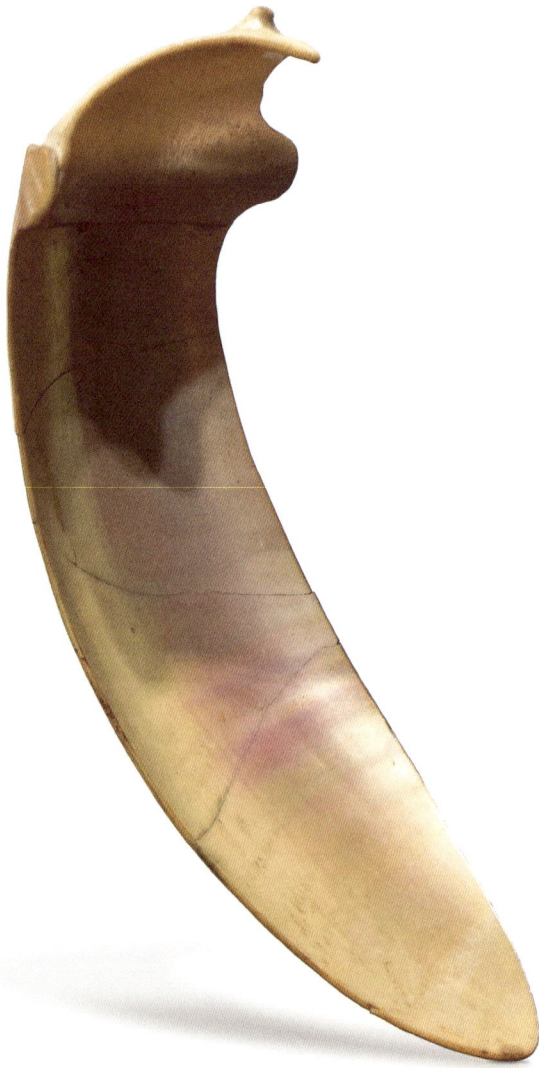

Löffel Ethnien der Asmat und Marind-Anim, Papua-Neuguinea, 19./20. Jh.

Sauciere   Liverpool, Rokoko, um 1745–1760

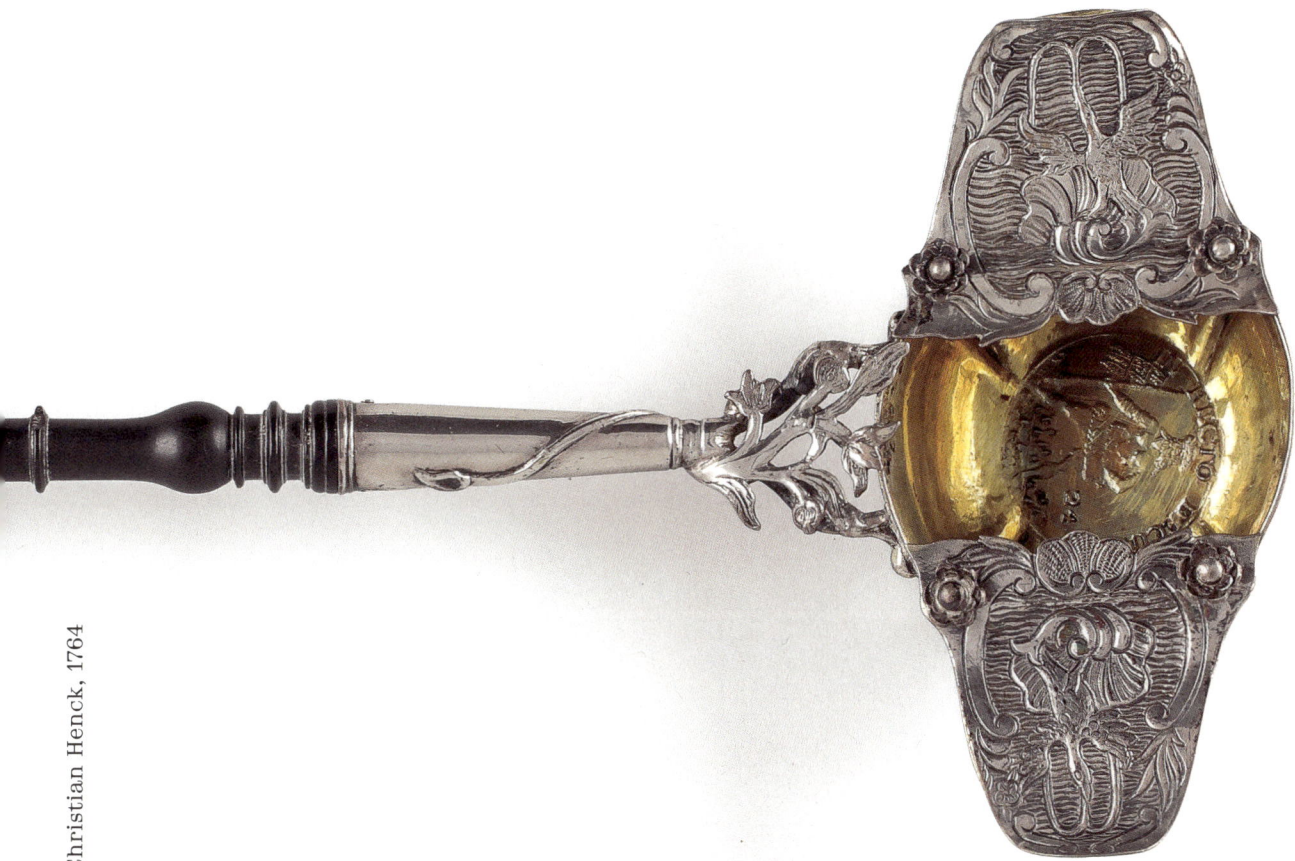

Punschkelle   Johann Christian Henck, 1764

Rhinozeroshornbecher (Sturzbecher)   Südchina, Anfang 17. Jh.

Tulpenbecher mit Knubbenleiste   Michaelsberg, Untergrombach, 3800 – 3700 v. Chr.

Becher »Keru«   Peru, Inka, 16. Jh.

Sturzbecher   Franken, 500 – 600 n.Chr.

Reliefbecher mit dionysischen Attributen
Arras, Frankreich, römisch, späte Kaiserzeit, 2.–3. Jh. n.Chr.

Schale mit dionysischer Szene
Stettfeld, provinzialrömisch, späte Kaiserzeit, 2.–3. Jh. n.Chr.

Tongefäß (zylindrisches Dreibein mit Relief)
Mexiko oder Guatemala, Maya, Spätklassik, 750–900 n.Chr.

Deckelhumpen mit christlichen Szenen, vermutlich für
liturgischen Gebrauch Joachim Scholz, Leszno (dt. Lissa), Polen, um 1680

Deckeldose in Form einer Zitrone   Christopher Friedrich Wegener, Sankt Petersburg, um 1775

Terrine in Form einer Melone   Maler Jucht, Bayreuth, um 1740

Schokoladenservice (Trembleuse)   Johann Jacob Adam, Augsburg und Meissen, 1779/80

Armschmuck »Spirale« aus Seelachshaut   Ran-ran Zhang, Seoul, 2025

Becher   Peru, Chimú-/Inkastil, 11.–16. Jh.

Tongefäß in Kürbisform   Colima, Mexiko, 300 v.Chr. – 300 n.Chr.

Dreifüßige Reibeschüssel   Mexiko, Azteken, 1300–1521

Kawaschale   Samoa, 2021

Tongefäß mit Darstellung eines Gürteltiers   Teotihuácan, Mexiko, Klassik, Xolalpan-Phase, 350 – 450 n.Chr.

Löffel für Tran   Nordamerika, Ethnie der Haïda, Ende 19. Jh.

Paulus
Rainer

»Viel stuck allerley selczames«[1]

Als sich das Außergewöhnliche in Kunstkammern traf

1
Aus dem Inventar
der Prager Kunstkammer
von 1619, zitiert
nach: Jan Morávek,
*Nové Objevený
Inventář Rudolfinských
Sbírek na Hradé Pražském*,
Prag, 1937, S.27.

3
Paulus Rainer, »Wissen.
Schafft. Kunst. Tycho Brahe,
Johannes Kepler und das
Kunstkammerobjekt als Erkenntnisträger«, in: Sabine
Haag, Franz Kirchweger und
Paulus Rainer (Hg.), *Das
Haus Habsburg und die Welt
der fürstlichen Kunstkammern im 16. und 17. Jahrhundert*, Schriften des
Kunsthistorischen Museums,
Bd. 15, Wien, 2015, S.79.

4
Zitiert nach: Harriet Roth,
*Der Anfang der Museumslehre in Deutschland. Das
Traktat »Inscriptiones vel
Tituli Theatri Amplissimi«
von Samuel Quiccheberg*,
Berlin, 2000, S.37.

5
Ebd. S.167: »[...] das trägt
er gern, großzügig und
ohne Abstriche bei, um die
anzuhören und zu fördern,
die er als die Erfinder der
meisten und nützlichsten
Künste und als deren
Bewahrer kennt oder die er
irgendwo auf der Welt
aufspüren kann.«

2
Zitiert nach: Karl Rudolf,
»Die Kunstbestrebungen
Kaiser Maximilians II. im
Spannungsfeld zwischen
Madrid und Wien.
Untersuchungen zu den
Sammlungen der österreichischen und spanischen
Habsburger im 16. Jahrhundert«, in: *Jahrbuch
der Kunsthistorischen
Sammlungen in Wien*,
Bd. 91 (neue Folge Bd. LV),
Wien, 1995, S.170.

in denen sich nie Gesehenes den knappen Platz auf Tischen streitig machte und in denen das Auge rastlos und neugierig von einem Mirakel zum nächsten hasten musste – geblendet von so viel Rätselhaftem, Staunenswertem und Neuartigem, getrieben von der Lust zu sehen, zu wissen und zu verstehen.

Eine solche Kunstkammer wollte auch Samuel Quiccheberg, der »Vater der deutschen Museumslehre«[3], als einen Ort der Auseinandersetzung verstanden wissen. Als einen Platz, an dem man durch die Beschäftigung mit den dort versammelten Gegenständen »schnell, leicht und sicher eine einzigartige, neue Kenntnis der Dinge sowie bewundernswerte Klugheit erlangen kann.«[4] 1565 hatte er dies in seiner ersten gedruckten museumstheoretischen Schrift, den *Inscriptiones vel Tituli Theatri Amplissimi*, formuliert und dabei auch den eingangs erwähnten Kaiser Maximilian II. als einen Sammler charakterisiert, der dem Wissen in allen Winkeln der Welt nachzuspüren suchte.[5] Dabei war dieser nicht allein. Sein Bruder Erzherzog Ferdinand II. wird auf Schloss Ambras bei Innsbruck eine Kunstkammer aufbauen, die der heutigen Forschung als beispielhaft gilt: die Wände dicht mit Bildern behängt, außergewöhnliche Kunstwerke, Kunststücke und Naturprodukte nach Materialien und Themengruppen in zwanzig raumhohen Kästen geordnet und dazwischen von der Decke baumelnde Tierpräparate. Sein Neffe Kaiser Rudolf II. wird diese ungewöhnliche Fülle in seiner Prager Kunstkammer noch um ein Vielfaches übertrumpfen. Der Aufbau solcher Sammlungen war aber nicht auf die kaiserliche Familie beschränkt. In ganz Europa entstanden verwandte Kunstkammern, jede davon mit ihrer eigenen Ausrichtung und ihrer spezifischen Atmosphäre – geprägt von den jeweiligen Sammlern, ihren Möglichkeiten und Vorlieben. Gemeinsam war diesen Sammlungen, ob sie nun in München, Stuttgart, Dresden, Berlin oder anderswo waren, dass ihnen eines fehlte: das Gewöhnliche.

Auf Schloss Ambras etwa war der zweite Kunstkammerkasten mit 149 silbernen oder mit Silber versehenen Gegenständen angefüllt, die ihrem Charakter nach Tafelgerät entsprachen. Und doch war keiner dieser Gegenstände alltäglich. Hier standen Pokale, deren Körper aus Muscheln, Nautilusgehäusen oder Seychellennüssen, Kokosnüssen oder Rhinozeroshörnern gebildet waren. Silbergefasste Bergkristallpokale, burgundische Emailbecher oder Scherzgefäße in Form von Pilgern, Reitern und Tieren vervollständigten den Aufmarsch des Außergewöhnlichen. Und von den Zwischenböden hingen »neünzehen mit vergulten silber beschlagne cristallene und andere

»Quanta rariora tanta meliora«[2] – je seltener desto besser. Mit diesen Worten hatte Kaiser Maximilian II. 1572 seinen Madrider Gesandten auf die Jagd nach kostbaren Raritäten geschickt – Besonderheiten der Natur ebenso wie außergewöhnliches Menschenwerk, beides war willkommen, und beides war begehrt. Es war die Zeit des Manierismus, eine Zeit des Hinterfragens, in der vieles möglich schien und noch wenig entschieden war. Kopernikus hatte das alte Weltbild vom Sockel gestoßen, ohne aber sein neues etablieren zu können. Empirie gewann an Bedeutung, ohne aber Magie und Religion gänzlich abzulösen. Es war eine Zeit, als Altes und Neues nebeneinanderstanden, noch unschlüssig, wohin die Reise gehen sollte. Genau das war auch die Blütezeit der Kunstkammern: jener Sammlungen, in denen sich Außergewöhnliches versammelte, in denen schier unglaubliche Mengen von Wundern ganze Kästen füllten, leffl«[6], von denen einer hier gezeigt wird ↗107. Man möchte meinen, dass er mit seiner transparenten Laffe aus makellosem Bergkristall und dem geschwungenen, sich aus einer Abfolge von Voluten, Hermen und Tierformen zusammengesetzten Stiel auf einer fürstlichen Tafel ein beeindruckendes Bild hätte bieten können – vor allem im Ensemble mit weiterem gleichförmigem Tischgerät. Allerdings waren Löffel im 16. Jahrhundert bereits nicht mehr notwendiger Teil der höfischen Tafel, weshalb angenommen werden kann, dass derart kostbar gearbeitete Löffel wohl eher als Schaustücke für repräsentative Buffets bestimmt waren, oder – wie in diesem Fall – Eingang in Kunstkammern fanden, ohne wirklich verwendet zu werden.

↗107

Ähnlich verhält es sich mit Gefäßen aus kostbarem Quarz, die ebenso in kaum einer fürstlichen Kunstkammer fehlten. Schon aufgrund der Seltenheit des Materials und dessen aufwendiger Verarbeitung waren solche Gefäße Fürsten vorbehalten. In deren Sammlungen waren sie vielleicht nicht immer nur reines Schaustück, sondern kamen zu besonderen Anlässen vereinzelt zum Einsatz. Die Bezeichnung eines Bergkristallschälchens im Inventar der Ambraser Kunstkammer als »der frauenzimmer willkhomb«[7] weist darauf hin, dass dieses für den zeremoniellen Willkommenstrunk bei festlichen Zusammenkünften verwendet wurde.

In einem anderen, wenn auch nicht weniger feierlichen Zusammenhang standen wohl die beiden hier gezeigten Schälchen aus Achat ↗107 bzw. Jaspis ↗107. Anhand von Inschriften an den Fassungen lassen sich ihre ursprünglichen Besitzer identifizieren, und wir können ihre Zweckbestimmung erahnen. Auf beiden lesen wir die eingravierte ↗107 Buchstabenfolge »GAS OBI« und »BEA PIO«. Diese beziehen sich auf den paduanischen Adeligen Gasparo degli Obizzi und seine Gemahlin Beatrice Pio. Dass ihre Namenskürzel gemeinsam auf beiden Schälchen vorkommen, legt nahe, dass hier der eheliche Bund der beiden festgehalten und ausgedrückt werden sollte. Es ist durchaus vorstellbar, dass die beiden Schälchen als Salzschälchen für die Hochzeitstafel angefertigt worden waren.

↗107

Dass die besondere Stellung des Hochzeitspaars gerne durch reiche, sich von jenen für die übrige Tischgesellschaft unterscheidende Salzgefäße hervorgehoben wurde, lässt sich auf etlichen Darstellungen von Hochzeitsmahlen, wie etwa jenem von Großherzog Ferdinando I. und Christine von Lothringen des Kunsthistorischen Museums ↗187, gut nachvollziehen.

↗187

6
Nachlassinventar des Erzherzogs Ferdinand II. von 1596, fol. 358v., publiziert in: *Jahrbuch der Kunsthistorischen Sammlungen des Allerhöchsten Kaiserhauses*, Bd. VII/2, 1888, Reg. 5556, S. 282.

7
Haubt Inventäri über die Kunst Camer deß Ertzfürst. Schloss zu Ombras Anno 1663, fol. 201v., Innsbruck, Tiroler Landesarchiv, A 40/21.

Am französischen Hof hingegen hatte man die Tücken unverschlossener Salzgefäße auf der Tafel früh erkannt und legte im Hofzeremoniell fest, dass die Speisen des Königs bereits fertig gesalzen, gewürzt und vorgekostet an die Tafel kamen. Ein offenes Salzgefäß sollte hier keinen Platz auf der Tafel finden – zu groß war die Gefahr, dass unter das Salz Arsen gemischt hätte werden können.

So allgegenwärtig die Gefahr, vergiftet zu werden, schien, so mannigfaltig waren auch die empfohlenen Mittel und Rezepte, um ihr zu entgehen. Dabei verhießen vor allem seltene und exotische Materialien schiere Wunderdinge. Fossile Haifischzähne, sogenannte Natternzungen, sollten Gifte anzeigen können. Korallen, Seychellennüsse, Bezoare oder gar das Horn des legendären Einhorns konnten sie neutralisieren. Von einigen Autoren wurden die medizinischen Eigenschaften, die dem Horn des Einhorns zugesprochen wurden, auch auf jenes des Nashorns übertragen. Es wundert daher nicht, dass dieses Material überaus begehrt war und noch im 18. Jahrhundert als breit wirksame Arznei angesehen wurde. Die Herren der Kunstkammern importieren aber nicht nur das unbearbeitete Horn aus Afrika und Indien, sondern gern auch kunstvoll gefertigte Trinkgefäße aus dem Naturprodukt – versprach doch das Trinken aus einem solchen Gefäß die Reinigung des Blutes und das Neutralisieren jeglicher Gifte. Diese Vorstellung scheint ihren Ursprung in China zu haben, wo bereits im 4. Jahrhundert in Schriften des Daoisten und Unsterblichkeitssuchers Ge Hong von Gefäßen aus Rhinozeroshorn als verlässliche Indikatoren für Gifte die Rede ist. Daneben waren der Wunsch nach langem Leben und die Suche nach Unsterblichkeit mit derartigen Gefäßen verbunden. Auch das vorliegende Gefäß aus Rhinozeroshorn ↗86 ist mit Symbolen für langes Leben (Zypressen, Hasen) dekoriert. Dazu finden wir aber auch einen europäisch anmutenden Jäger zu Pferd und auf der anderen Seite ein Wappen. Dieses kann als jenes des D. Antão Vaz Freire, des obersten Handelsverwalters der portugiesischen Krone auf Ceylon (Sri Lanka), identifiziert werden. Es liegt also nahe, dass ↗86 sich dieser das Trinkhorn in einem der südchinesischen Zentren für solche Schnitzereien anfertigen ließ. Zu einem nicht bekannten Zeitpunkt gelangte es schließlich in kaiserlichen Besitz, wo es die umfangreiche Sammlung wundersamer Exotika ergänzte. Hier konnte es bewundert und studiert werden und ließ den ausgedehnten Einflussbereich des Besitzers erahnen. Und dabei vereinte es wie so viele Kunstkammerstücke das Herausragende aus Natur und Kunst: eine kostbare und seltene Hervorbringung der Natur, verfeinert durch virtuose menschliche Kunstfertigkeit.

Halsschmuck »Rezept für Widerwillen«   Gang-yeon Lee, Seoul, 2025

Zwei Salzschälchen   Italien, Anfang 16. Jh.

Löffel   Süddeutschland, 2. Hälfte 16. Jh. (Schliff wohl Freiburg i.Br.)

Messer   Ägypten, um 1400 v.Chr.

Schalen mit Handabdrücken   Katja Sondermann, Pforzheim, 2006

Muschelöffner   Dänemark, Neolithikum, um 4000–1800 v.Chr.

Porzellanteller mit Handabdrücken   Katja Sondermann, Pforzheim, 2006

Schale der Gattung »Weiße Ware«   Rayy, Iran, Seldschuken-Dynastie, 12.–13. Jh.

Flugzeugbesteck, dem Lufthansa-Besteck der 1930er Jahre ähnelnd
Kasachstan (?), um 2015

Römisches »Taschenmesser« mit dreizinkiger Gabel, Löffel, Spatel, Pickel, Dorn und Messer
Mittelmeerraum, mittlere römische Kaiserzeit, 201–300 n.Chr.

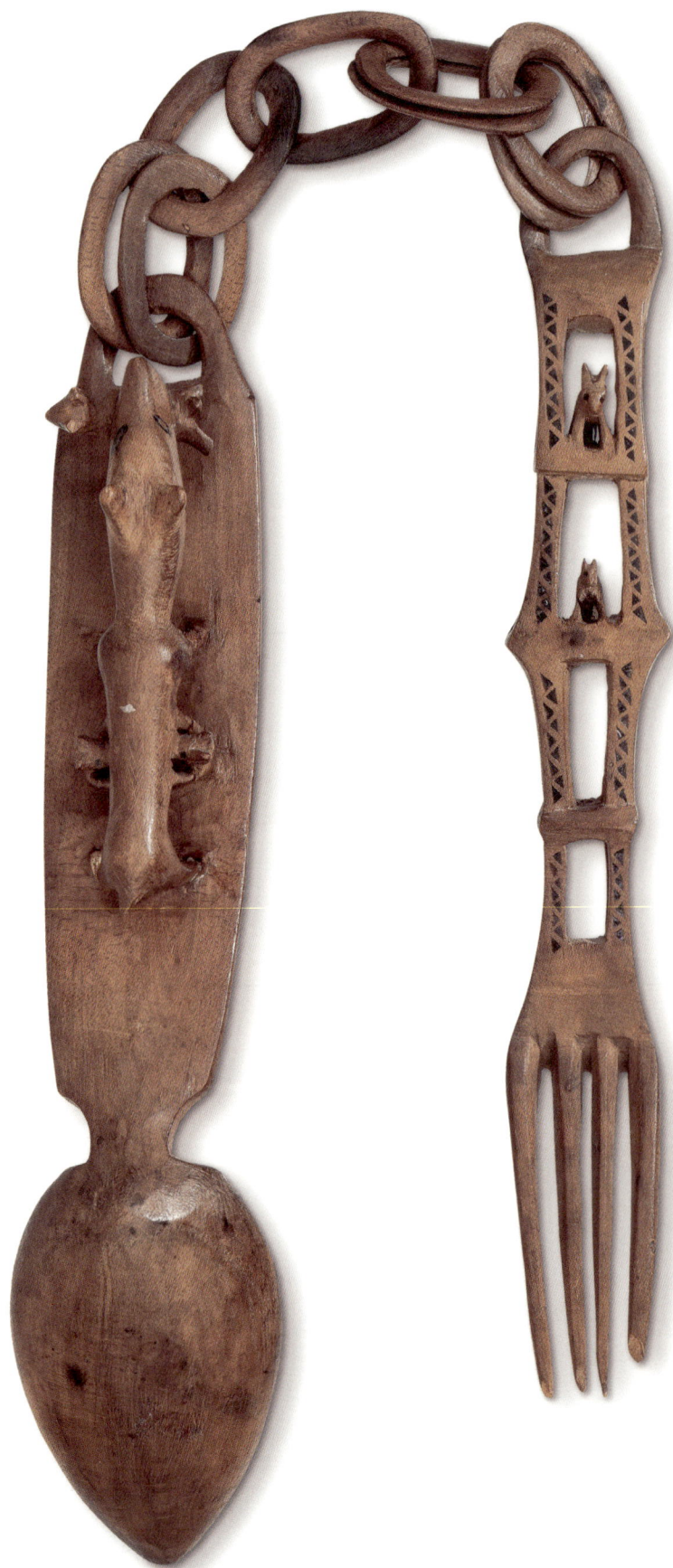

Löffel und Gabel, mit einer Kette verbunden   Grönland, Anfang 19. Jh.

116

Löffel   Sápmi, Kulturraum der Sámi, Anfang 20. Jh.

118

Mokkalöffel   China, Qing-Dynastie, Xuantong-Periode, 1908–1912

Messer
Jämtland, Schweden, Sámi, vor 1916

Messer zum Auslösen der essbaren Haut aus Fichtenrinden
Sápmi, Kulturraum der Sámi, Finnland, Ende 19. Jh.

Rf Hep 123 2.Ex.

Hurra
wir servieren
Hepp Silber

Gebr. Hepp G.m.b.H. PFORZHEIM. **Hotelsilber**

Gegründet 1863 — Fernsprecher Nr. 646

Fabriken versilberter und vergoldeter Bestecke und Tafelgeräte
in
Pforzheim, Ettlingen, Weiler

FABRIK-FILIALE IN DER SCHWEIZ unter der Firma LANGE & CIE. in BIEL, Champagneweg 6

MUSTERLAGER:

BERLIN W 8, Kanonierstr. 40
Fernsprecher: A 6 Merkur 8700

KÖLN a. Rh., Hohenzollernring 34
Fernsprecher: 214030

BREMEN, Breitenweg 51
Fernsprecher: Domsheide 23111

FRANKFURT a. M., Mendelsohnstr. 87
Fernsprecher: Maingau 75595

MÜNCHEN, Prinzregentenstr. 6
Fernsprecher: 20009

AMSTERDAM, Singel 103
Fernsprecher: Interc. 3943

DANZIG, Vorstädtischer Graben 3
Fernsprecher: 25295

LEIPZIG, Zentralstr. 2
Fernsprecher: 28306

FREIBURG i. Br., Lessingstr. 2
Fernsprecher: 7114

HANNOVER, Baringstr. 6
Fernsprecher: West 236

Katalog-Auszug

»Hurra, wir servieren Hepp-Silber« Gebrüder Hepp, Katalog-Auszug No. 29, Pforzheim

Bestecke
Gruppe A

28/30   50   53

Gruppe A

25

48

Sonderausführung

52   Gruppe A

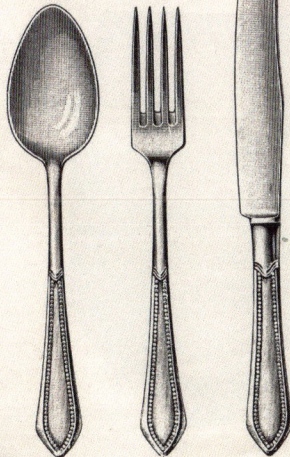

59   64   61
Rückseite glatt

Weiße Alpacca-Unterlage

Sabine
Tiedtke

Faszination Glas – Betrachtung eines Bechers aus Filigranglas

Glas übte schon lange Zeit eine Faszination auf die Menschen aus. Bis zum 18. Jahrhundert war der Werkstoff jedoch fast ausschließlich sozialen Eliten zugänglich.[1] Erst mit der einsetzenden Massenproduktion im 19. Jahrhundert wurde Glas für die breite Öffentlichkeit verfügbar. Die ersten aus dem Material hergestellten Gefäße gestalteten sich optisch völlig anders als dieser Becher. Sie entstanden wohl schon eineinhalb Jahrtausende vor unserer Zeitrechnung an einem Ort, der bis heute nicht ganz eindeutig geklärt werden konnte.[2] Ihnen fehlten Eigenschaften, die heutzutage selbstverständlich erscheinen: die Transparenz und die Farblosigkeit. Das angestrebte Ideal der Glaserzeugung war über Jahrhunderte hinweg die Herstellung einer besonders reinen und farblosen Masse. Im 15. Jahrhundert gelang es in Venedig, Kristallglas herzustellen, das außerordentlich klar, dünnwandig und leicht war.[3] Mithilfe verschiedenster Techniken wurden die venezianischen Gläser zusätzlich veredelt. Ganz besonders komplex war die Herstellung der Filigrangläser, zu denen auch der hier abgebildete Becher zählt ↗126. Sie besitzen eine Gefäßwandung aus aneinandergeschmolzenen Glasstäben, die von feinsten, weiß-undurchsichtigen, sich teils kreuzenden und spiralig windenden Fäden durchzogen sind.

Für die Gestaltung der verschieden gemusterten Stäbe mussten zunächst einzelne weiße Glasfäden angefertigt werden: Dafür wurden aus mit Zinnoxid weiß gefärbtem Glas Röhrchen hergestellt, mit klarer Masse umhüllt und zu langen, feinen Fäden gezogen. Mit diesen Fäden konnten anschließend unterschiedlich gemusterte Stäbe gefertigt werden: Weiße und klare Fäden ordnete man rhythmisch entlang der Innenwand eines Tonzylinders an und goss den Hohlraum in der Mitte mit klarem Glas aus. So entstand ein Glasstab mit feinem Fadenmuster, der zur weiteren Verarbeitung lang ausgezogen wurde. Gleichzeitiges Drehen beim Ziehen erzeugte aus den weißen Fäden eine Spirale. Unterschiedliche Anordnungen der klaren und weißen Fäden änderten Dichte und Rhythmus des Musters in den Stäben. Sie dienten als Material für die weitere Verarbeitung zu Gefäßen. Dafür wurden sie wiederum an der Innenseite der Wandung eines Tonzylinders angeordnet. Eine in diesen eingebrachte Glasblase verband sie miteinander. Nach der Entnahme aus dem Zylinder konnte die Glasblase mit der aus Stäben gebildeten Wandung am Ofen weiterverarbeitet werden. Durch Blasen, Rollen und Ausziehen erhielt das Gefäß seine endgültige Form – und entsprechend der Becher seine zylindrische Wandung. Zusätzlich wurde ihm unten ein klarer Glasfaden als Standring umgelegt.

[1] Vgl. Annette C. Cremer, »Glas. Faszinierendes Material der Eliten in der Frühen Neuzeit«, in: Annette C. Cremer (Hg.), *Glas in der Frühen Neuzeit. Herstellung, Verwendung, Bedeutung, Analyse, Bewahrung,* Höfische Kultur interdisziplinär. Schriften und Materialien des Rudolstädter Arbeitskreises zur Residenzkultur 6, Heidelberg, 2022, S. 17.

[2] Vgl. Alan Macfarlane, Gerry Martin, *Eine Welt aus Glas,* Berlin, 2006, S. 22.

[3] Vgl. Clementine Schack, *Die Glaskunst. Ein Handbuch über Herstellung, Sammeln und Gebrauch des Hohlglases,* München, 1976, S. 49.

Den Reiz des Bechers macht auch die farbliche Abwechslung durch die rote Glasmasse aus, die teils mit einem breiten weißen Faden spiralig verwunden ist. Ein faszinierendes Wechselspiel entfaltet sich zwischen der Transparenz des klaren, farblosen Glases, der lichtdurchscheinenden roten Masse und den undurchsichtigen weißen Fäden. Je nach Beleuchtung – Gegenlicht oder Durchleuchtung – entsteht ein anderer Eindruck: Mal erscheinen die gewundenen Fäden plastisch in Spiralen gelegt, mal als flaches Muster aus sich überschneidenden Linien. Die rötliche Masse wirkt mal dunkler, mal leuchtet sie hellrot. Vorstellbar ist, dass unterschiedliche Lichtquellen wie Tageslicht oder flackernder Kerzenschein einen ästhetischen Wechsel in der optischen Erscheinung bewirkten. Zudem änderte sich der Effekt sicherlich auch durch die Farbe des Getränkes, das aus dem Becher getrunken wurde, sowie durch den jeweiligen Füllstand, der mehr und mehr die feinen Muster offenbarte.

Obwohl bisher kein Vergleichsstück mit roten Fäden bekannt ist, handelt es sich wohl um einen Becher, der am Ende des 17. oder im beginnenden 18. Jahrhundert entstand. Eine ganze Gruppe von Deckelbechern dieser Zeit in dieser Form,[4] aber unterschiedlich veredelt, haben sich erhalten.[5] Mit der farbigen Gestaltung präsentiert sich das Stück als ganz besonders exquisit. Als Entstehungsort wird für die Gruppe teils Venedig, teils eine à *la façon de Venise* – auf venezianische Art – arbeitende Glashütte angenommen.

↗126

Lange Zeit nahm das venezianische Glas eine Vorrangstellung ein. Das änderte sich erst mit der Entwicklung des Kreideglases in den 1680er Jahren in Südböhmen, das aufgrund seiner Zusammensetzung auch bei höherer Materialstärke klar blieb und sich durch seine Brillanz hervorragend für barocke, gravierte Dekore eignete. Die venezianischen Techniken, darunter auch das Filigranglas, erlebten jedoch ein Revival: In der Josephinenhütte in Schreiberhau (heute Szklarska Poręba) wurden um die Mitte des 19. Jahrhunderts wieder Filigrangläser mit farbigen Fäden produziert.[6] Auch andere Glashütten im Riesengebirge und natürlich in Venedig griffen die Filigranglasherstellung erneut auf.[7] Heute beherrschen nur noch wenige Glasbläser die komplexen handwerklichen Techniken und erhalten sie am Leben.[8]

4
Auch der Becher des Germanischen Nationalmuseums besaß einen Deckel, der sich aber nicht erhalten hat.

5
Für diesen Hinweis danke ich Kitty Laméris. Die Becher gibt es unter anderem aus Filigranglas (z.B. Rijksmuseum, Amsterdam, Inv.Nr. BK-NM-10754-24), Netzglas (z.B. Kunstsammlungen der Veste Coburg, Inv.Nr. HA486, HA489), Eisglas (Corning Museum of Glass, Inv.Nr. 73.3.44) oder auch mit blauem, plastischem Dekor auf der Wandung (Collection Frides Laméris Art and Antiques).

6
Vgl. Stefania Żelasko, *Gräflich Schaffgot'sche Josephinenhütte. Kunstglasfabrik in Schreiberhau und Franz Pohl. 1842–1900*, Passau, 2005, S.81 und Nr.1 und 2.

7
Vgl. z.B. Erwin Baumgartner, *Verre de Venise et »Façon de Venise«*, Catalogue des Collections du Musée Ariana, Genf, 1995, S.67–69 oder auch: Paul von Lichtenberg, »Eingefädelte Gläser. Glasfäden auch in Gläsern der Biedermeierzeit«, in: *der glasfreund*, 23 (66), Februar 2018, S.38–46.

8
Vgl. z.B. Marc Barreda, Geir Nustad, *Filigrana Goblet*, https://www.youtube.com/watch?v=5jzCZTWypcE (zuletzt abgerufen am 22.04.2025), siehe auch zur Nachformung weiterer historischer Gläser: Kitty Laméris, Marc Barreda, *Trick Glasses. Devious Drinking Devices*, Rotterdam, 2023.

Becher aus Fadenglas   Venedig, 16./17. Jh.

Kelchglas   Entwurf Peter Behrens, Ausführung Rheinische Glashütten-AG, Köln-Ehrenfeld, 1900

Deckelpokal mit Insektendarstellungen Süddeutschland, 1. Hälfte 18. Jh.

Champagnerglas aus dem »Mousselinglas-Service«   J. & L. Lobmeyr, Entwurf Ludwig Lobmeyr, Wien, 1891

Bordeauxglas (Prismenschliffservice)   Joseph Rohrweck (?), Adlergravierung von J. & L. Lobmeyr (?), Wien, 1898

Palmweinbecher   Demokratische Republik Kongo, Ethnien der Bakuba, vor 1894

Wasserglas Dal-Ben   Entwurf Michael Michael Schwarzmüller und Sternekoch Daniel Dal-Ben, »Restaurant 1876« in Düsseldorf
Ausführung Schwarzmüllerglas, Karlsruhe, 2019

Schlanke Flasche   Hochstetten, 150 – 15 v.Chr.

Isabel
Schmidt-Mappes

Goldene Narben – Kintsugi und die Ästhetik der Vollkommenheit im Unvoll- kommenen

Eine Teeschale, die von feinen Rissen durchzogen ist, beschädigt, angeschlagen, fehlerhaft – man könnte sie aussortieren oder versuchen, den Makel möglichst unsichtbar zu kitten. Doch genau das Gegenteil geschieht bei der japanischen Goldlack-Reparatur namens Kintsugi: Das Versehrte wird durch zarte goldene Linien veredelt und hervorgehoben.[1] Es entsteht etwas Neues, das den Spuren des Lebens Raum gibt und ihnen eine eigene Schönheit verleiht. Kintsugi ist nicht nur eine Kunstfertigkeit, sondern auch eine Haltung: Sie akzeptiert das Verletzliche und Unvollkommene; ein wenig, wie es Leonard Cohen in *Anthem* besingt: »There is a crack [...] in everything, that's how the light gets in.«

Die traditionelle japanische Reparatur-Technik geht auf das 16. Jahrhundert zurück. Sie entstand vor dem Hintergrund des sich ausbreitenden Zen-Buddhismus, der die Einfachheit als ästhetisches Prinzip achtet.[2] Ob bei geistigen Werten oder Gegenständen des Alltags wie etwa Schalen für die traditionelle Teezeremonie liegt das Augenmerk nicht auf offensichtlicher Schönheit, sondern auf dem Verborgenen und Unscheinbaren oder Unvollständigen. Die Versehrtheit wird zu einem Merkmal von besonderer Qualität,[3] der Makel zu einer gestalterischen Methode. Durch das Betonen von Brüchen und Rissen erhalten Keramik-Scherben einen neuen Glanz – das Fragmentarische wird zum Schmuck und verleiht den Dingen eine stille Tiefe.

Der in Pforzheim lebende Schmuckkünstler Yasutaka Okamura verbindet in seinen Arbeiten genau diese Aspekte mit zeitgenössischer Gestaltung. An seinem Werkbrett entstehen Tischobjekte wie Schalen und Gefäße, die er bewusst zerbricht und anschließend mittels Kintsugi wieder zusammensetzt. Anders als bei klassischen Restaurierungen nutzt Okamura den Moment der Zerstörung als kreativen Impuls: Die Brüche werden Teil des Entwurfsprozesses, das Gold – beziehungsweise der titanoxidierte Glimmerstaub – folgt keinem vorgegebenen Muster, sondern dem Zufall.

Okamuras Arbeiten changieren zwischen Objektkunst und funktionalem Geschirr. Seine Stücke erzählen vom Wandel, vom Widerstand gegen industrielle Perfektion und von einer tiefen Ehrfurcht vor dem Material. Der Schmuckkünstler versteht Kintsugi nicht als bloße Technik, sondern als poetischen Akt: »Jede Bruchlinie«, so sagt er, »ist wie eine menschliche Beziehung.«

In einer Welt, in der oft das Glatte, Unversehrte bevorzugt wird, öffnet Kintsugi neue Perspektiven auf das, was als schön gilt. Es lädt dazu ein, innezuhalten, genau hinzusehen – und im Glanz der goldenen Narben eine neue Art von Pracht zu erkennen.

1
Vgl. Markus Röck, »Reparieren mit Gold: die japanische Tradition des Kintsugi«, in: *National Geographic*, 8. März 2023.

2
Vgl. Claudia Siomone Hoff, »Aus Scherben wird Gold: die japanische Tradition Kintsugi«, in: *AD Architectural Digest*, 27. Mai 2024.

3
Vgl. Stephan von der Schulenburg, *Die Welt im Fluss. Über Bewegtes und Vergängliches in der Japanischen Kunst*, Frankfurt a.M., 2025, S. 72.

Japanische Teeschale »Kintsugi-Chawan«
Yasutaka Okamura, Pforzheim, 2023

Objekt »Gespaltene Gesellschaft 1«
Yasutaka Okamura, Pforzheim, 2024

Teeschale »Gespaltene Gesellschaft 2« Yasutaka Okamura, Pforzheim, 2024

Teeschale (Chawan)   Japan, Edo-Zeit, 17. Jh.

Teebehälter   Satsuma, Japan, Edo-Zeit, 1603–1868

Ohren-Schale   Valencia, Spanien, 17.–18. Jh.

Gefäß mit Darstellung von Früchten oder Chilischoten   Nazca, Peru, 100 v.Chr. – 700 n.Chr.

Nachbildung eines Granatapfels als Grabbeigabe   Haupttor Dipylon (?), Athen, 2.–3. Viertel 8. Jh. v. Chr.

Sianaschale, Kylix mit Symposionszene   Griechenland, attisch, 560 v.Chr.

Geometrische Kanne mit Reigentanz   Griechenland, attisch, 760 – 750 v.Chr.

Vom Verborgenen im Objekt

Geometrische Kanne mit Reigentanz

↗143

Den kugeligen Bauch der 32 cm hohen Kanne umzieht etwa mittig ein laufender Figurenfries, der die ansonsten durchwegs ornamentale Gestaltung durchbricht. Die Gruppe von Tänzerinnen und Tänzern besteht aus sechzehn Frauen und neun nachfolgenden Männern, die von einem Phorminxspieler und einem Vortänzer angeführt werden. Seit etwa 800 v. Chr. kommen in der geometrischen Kunst Griechenlands zunehmend auch Darstellungen von Menschen und Tieren auf.

Quelle https://www.emuseum. uni-tuebingen.de/ objects/5439/ geometrische-kanne- mit-reigentanz? ctx=09bcd65712 9f6dfb9cb826f0 c2ef3ee631fc675 5&id%E2%80%A6 (zuletzt abgerufen am 16.06.2025)

Becher »Keru«

↗88

Der Keru zeigt den Inka und seine Frau, »La Coya«, beide unter zwei getrennten Regenbögen. Beide Regenbögen sind durch den Kopf eines ihnen jeweils zu Füßen liegenden Jaguars verbunden. Das Maul des Jaguars bildet den Ausgangspunkt für den Regenbogen. Über den beiden Jaguarköpfen findet sich ein Motiv, das einen Schild und darüber einen Helm zeigt. Die Darstellung bedeutet Sieg, Glück und Wohlergehen unter der Herrschaft der Inka. Der Jaguar weist auf Krieg hin und wird als Bewacher des Inkakaisers und des durch ihn repräsentierten Kriegsglücks interpretiert. Die »La Coya« hält einen *Kantuta*-Zweig in der Hand. Der Keru ist durch ein Band von T'ocapus unterteilt. In der unteren Hälfte finden sich weitere Pflanzendarstellungen. Die Kerus sind in der Technik der japanischen Lackarbeiten hergestellt.

Quelle: https://sammlung- digital. lindenmuseum.de/ de/objekt/rituelles- objekt_6711 (zuletzt abgerufen am 05.08.2025)

Goldschale von Eberswalde

Die acht Schalen aus dem Goldschatz von Eberswalde scheinen zunächst mehr oder weniger gleich, doch sie unterscheiden sich vor allem in Größe und Ornamentierung. Ein zweiter Blick lohnt sich. ↗168 Bei diesem Objekt fällt der einfache Gürtel aus Punktkreisprägungen knapp unter der Gefäßschulter ins Auge, jedoch sind am Hals sowie am Kugelboden nicht einfache, sondern doppelte Wellenlinien ins Material geprägt. Wie die übrigen Goldgefäße beeindruckt dieses Objekt durch die ungemein feine Verarbeitung, durch die das Gold in die gewünschte Form getrieben wurde. Trotz der scheinbaren Zartheit der dünnwandigen Behältnisse sind alle acht Goldschalen in sehr gutem Zustand – ein Umstand, der wohl nicht zuletzt dem schützenden Tongefäß zuzuschreiben ist, in dem sie bei ihrer Bergung zu Beginn des 20. Jahrhunderts im Boden lagerten.

Quelle: https://www.emuseum. uni-tuebingen.de/ objects/28299/ goldschale- von-eberswalde (zuletzt abgerufen am 16.06.2025)

Opferschale

↗169

Opferschalen wie diese sind in verschiedenen Größen in allen Schreinen, Pagoden und Klöstern aufzufinden und dienen als Gefäße für Speise- und Wasseropfer. Das vorliegende Exemplar ist mit einer Darstellung aus dem *Dasaratha-Jātaka* versehen. Die *Jātaka* erzählen von den früheren Leben des historischen Buddha und bilden im Theravada-Buddhismus einen Teil des Suttapitaka (»Korb der Lehrreden«). Georg Noack

Quelle: https://sammlung- digital. lindenmuseum.de/ de/objekt/schale- gefaess_2246 (zuletzt abgerufen am 05.08.2025)

Koppchen

Bei Johann Joachim Kaendler fand der plastische Dekorstil Irmingers seine Fortsetzung. Dabei nahm Kaendler Bezug auf ostasiatische Vorbilder, die zum Teil weitgehend übernommen ↗166 wurden, wie der Schneeballblütendekor (lat. *virbunum*) [...]. Der Dekor – jede Blüte wurde auf einem kleinen Gipskegel geformt – war sehr zeitaufwändig und legt die Vermutung nahe, dass diese »Schneeball-Porzellane« zumeist als reine Schauobjekte gefertigt wurden.

Quelle: https://sammlung. grassimak.de/ detail/collection/ 2a4eefb4-a1c3- 44c0-931c-5574d 65f0f80 (zuletzt abgerufen am 05.08.2025)

Vgl. »Schneeballblütendekor – zuerst in Meissen oder in China?« von Daniel Suebsman auf S. 164 und die Teekanne mit applizierten Blüten auf S. 165.

Etrogdose

Die Etrogdose besteht aus zwei gleichförmigen Teilen, die asymmetrisch und gedreht aufeinandergesetzt werden. Die beiden identischen Teile laufen über gebogene Linien nach außen ↗27 spitz zu. Zusammengesetzt bilden sie die Grundform einer Etrogfrucht. Beide Hälften sind durch ein schwarzes Gummiband miteinander verbunden. Auf jeweils einer Seitenfläche der beiden Teile befindet sich die eingravierte, hebräische Inschrift »Und nehmt euch eine Frucht vom Baum Hadar« (Wa-Jikra/Lev. 23:40). Innen ist die Dose mit Filz ausgefüttert.

Die Dose kann sowohl zur Aufbewahrung als auch zum Transportieren der Etrogfrucht [einer Zitronatzitrone] benutzt werden. Die Filzverkleidung im Inneren schützt insbesondere die Spitze der Etrogfrucht.

Diese Etrogdose wurde von dem in Amsterdam lebenden und arbeitenden Designer Piet Cohen entworfen. In der Sammlung des Jüdischen Museums Berlin befindet sich eine ebenfalls schlicht gestaltete *Besamim*-Büchse desselben Künstlers [für die Aufbewahrung duftender Gewürze].

Die für Piet Cohens Design typischen klaren Linien der Etrogdose reflektieren die Auffassung des Künstlers, dass das Judentum eine für unsere komplexe Lebenswirklichkeit verständliche Philosophie bietet. Cohens Design orientiert sich weniger an historischen Vorbildformen, sondern folgt in erster Linie klaren Funktionalitätsprinzipien.

Quelle: https://objekte. jmberlin.de/gobject/ jmb-obj-84466/ Etrog-Dose?se= Suche&qps= q%3D%2BEtrog (zuletzt abgerufen am 05.08.2025)

Skyphos (Trinkschale), Kabirenbecher

Die Kabiren sind Gottheiten, die nicht zum Kreis der olympischen Götterfamilie gehören und deren Kult wohl Wurzeln in vorgriechischer Zeit hat. Zu den Festen der Kabiren gehörten Gelage mit Weingenuss und Theateraufführungen, in denen Mythen respektlos verulkt wurden. In den Heiligtümern wurden mit ↗173 Mythentravestien bemalte Becher, die Kabirenbecher, gefunden, die eine Vorstellung der Kultbräuche überliefern.

Dieser Kabirenbecher hat eine runde, voluminöse Form, offenbar spielte im Kult das Fassungsvermögen eine Rolle. Die runden Griffe sind zum besseren Halt mit zwei Dornen versehen. Über den dunkel bemalten unteren Teil stürmen struppige Satyrn, Trinkgefäße und Keulen zur Jagd auf ein Reh schwingend. Ihr Anführer reitet auf einem Esel. Ein Hund im Sprung über einen Igel eilt den Jägern voraus. Unter der Mündung verläuft eine Efeuranke. Je ein die Flügel ausbreitender Schwan ziert die Oberseite der Henkel.

Quelle: https://katalog. landesmuseum.de/ object/9E9C75236 20148E5B36FEAD- F86C1FE75-becher (zuletzt abgerufen am 05.08.2025)

Römisches »Taschenmesser« mit dreizinkiger Gabel, Löffel, Spatel, Pickel, Dorn und Messer

Neben einem Messer, einem Löffel und einer Gabel verfügt dieses Besteck über einen Dorn, einen Spatel und einen kleinen Pickel. Der Dorn könnte beim Herauslösen des Fleisches aus Schnecken geholfen haben, der Spatel beim Herausstreichen von Soße aus Flaschen mit schmalem Hals, und ↗115 der Pickel könnte als Zahnstocher gedient haben. Während viele weniger aufwendige Klappmesser aus Bronze erhalten geblieben sind, deuten die Komplexität dieses Messers und die Tatsache, dass es aus Silber gefertigt ist, darauf hin, dass es sich um einen Luxusartikel handelt – vielleicht ein nützliches Utensil für einen wohlhabenden Reisenden.

Quelle: https://data. fitzmuseum.cam. ac.uk/id/object/ 70534 (zuletzt abgerufen am 05.08.2025)

Hirschpokal

Der kleine stehende Hirsch, kunstvoll aus vergoldetem Silber gefertigt, ist nicht nur eine attraktive Skulptur, sondern auch ein Trinkgefäß. Der Kopf kann abgenommen werden, um aus dem mit Wein gefüllten Körper zu trinken. Pokale in Tiergestalt waren von der Renaissancezeit bis ins Barock äußerst beliebt und zählten zu den sogenannten Trinkspielen. Gäste erhielten daraus einen »Willkomm«, also ein Getränk zur Begrüßung bei feierlichen Anlässen. Der Hirsch verweist darüber hinaus auf das dem Adel vorbehaltene Privileg, das »Rotwild« zu jagen. Möglicherweise kam der Hirschpokal bei adligen Jagdgesellschaften zum Einsatz.

↗ 48

Quelle: https://katalog. landesmuseum.de/ object/B80541B3 44BD620D4FB5 B1A77EB8DF46- hirschpokal (zuletzt abgerufen am 05.08.2025)

Elfenbeinlöffel

Der Löffel mit flacher Laffe und einem aus Tieren gebildeten Stiel ist aus Elfenbein geschnitzt. In nahezu sitzender Haltung ist ein hundeähnliches Tier dargestellt, das von einem darüber angeordneten Gepard in vergleichbarer Haltung »angefallen« wird. Beide Tiere haben schlitzförmige und gerahmte Augen sowie leicht geöffneten Mäuler. Aus dem Nacken des Geparden setzt sich ein runder Stiel fort, auf dessen verdicktem Ende ein fressender Affe steht, beide Pfoten vor dem Maul haltend. Der Löffel gehört zu einer Gruppe von »Tafelgeräten« (Fußschalen, Salzfässern, Jagdhörnern, Gabeln), die die Portugiesen vor allem im 16. Jahrhundert in ihren Kolonien in der westafrikanischen Küstenregion von einheimischen Handwerkern für den Export nach Europa schnitzen ließen.

↗ 21

Quelle: https://katalog. landesmuseum.de/ object/991C285 84046F5A09 6188AA567DDD 4E9-elfenbeinloeffel (zuletzt abgerufen am 05.08.2025)

Sturzbecher

Sturzbecher sind Trinkgefäße, welche wegen ihrer Form ohne Fuß nicht abgestellt werden können. Stattdessen werden sie gestürzt, d.h. sie ruhen auf dem Trinkrand. Sie bestehen aus einem Kelchteil und einem spitz- oder rundzulaufenden Griffteil, wodurch sie nur entleert abgestellt werden können und somit zum Trinken animieren. In gefülltem Zustand müssen sie in der Hand oder einem speziellen Gestelle gehalten werden. Solche Gestellte treten erst nach dem Frühmittelalter auf. Jonas Ehinger

↗ 89

Quelle: http://rlp.museum- digital.de/ object/89756 (zuletzt abgerufen am 05.08.2025

Installation Tableware

Die Konzept-Künstlerin Elisabeth Heine hat den Bereich des funktionalen Designs verlassen, um bei ihren raumgreifenden Installationen den Gebrauchsgegenstand als bloßes Konzept neu zu betrachten. Sie wählt eine klassische Tellerform und industrielle Materialien, die jegliche praktische Verwendung für Nahrungsmittel ausschließen: Beton und Aluminium. Heine arbeitet seriell und strikt raumbezogen. Jede Versuchsanordnung, sei sie linear oder vermeintlich »chaotisch«, ist eine Vermessung des Raumes und des Gegenstandes in seinen Interpretationsmöglichkeiten. So verfremdet und von den Zwängen der Funktion befreit, kommt der Archetyp eines »Urtellers« zum Vorschein – der Teller an sich.

Anlässlich der Sonderausstellung »Aufgetischt – eine kulinarische Weltreise« erfolgt eine Präsentation ihrer Arbeit in der lichtdurchfluteten Eingangshalle des Schmuckmuseums. Im Rahmen des Projekts »Seriell – Punktuell« war ihre Arbeit zuvor auch im Technischen Museum der Pforzheimer Schmuck- und Uhrenindustrie zu sehen.

Installation Tableware   Elisabeth Heine, Pforzheim, 2023

Teller mit Kranichdekor   Japan, Edo-Zeit, 19. Jh.

Teller mit floralen Motiven   Iznik, Provinz Bursa, Osmanisches Reich, 2. Hälfte 17. Jh.

Dessertbesteck bestehend aus Messer, Gabel und Löffel   Martin-Guillaume Biennais, Paris, 1808 – 1811

Speiseteller (Vermeil-Service)
Martin-Guillaume Biennais, Paris, um 1798/1809,
und Mayerhofer & Klinkosch, Wien, 1854/1859

Blumenteller »Rosa centifolia« aus der Serie der Blumenteller
der Wiener Porzellanmanufaktur für die Silberkammer
Albin Denk, Wien, um 1900

151

Schale mit orientalischer Tradition   Finnland, 1957

Suppenteller »Kamana«   Mittlerer Sepik, Papua-Neuguinea, Ethnie der Sawos, 20. Jh.

Speiseschale mit Relief menschlicher Köpfe, die Geister der Ahnen repräsentierend
Nordufer des Sepik-Deltas, Papua-Neuguinea, 19. Jh. oder früher

Krug mit zwei menschlichen Figuren   Peru, Moche-Kultur, 4.– 6. Jh. n.Chr.

Löffel   Taiwan, Ethnie der Paiwan, 19. Jh.

Löffel   Luzon, Philippinen, Ifugao-Kultur

Becher »Keru«   Ollantaytambo, Peru, Inka, kolonial, nach 1550

Sagogefäß »Damarau«   Aibom, Ost-Sepik, Papua-Neuguinea, 20. Jh.

Kopfgefäß   Apulisch, um 340–320 v.Chr.

Zeremonialkeramik mit Gesicht »Ani Chomo«   Ucayali, Peru, Ethnie der Shipibo-Conibo, 1963 – 1992

Daniel
Suebsman

Schneeball-blütendekor – zuerst in Meissen oder in China?

Laut den historischen Aufzeichnungen der Meissener Porzellanmanufaktur entwarf der Modelleur Johann Joachim Kaendler (1706–1775) 1739 erstmals ein Tafelservice mit einem plastischen Dekor von weißen Schneeballblüten.[1] Es wird vermutet, dass der sächsische Kurfürst und König von Polen August III. (1696–1763) den Auftrag dafür erteilte, um es seiner Gattin Maria Josepha von Österreich (1699–1757) zum Geschenk zu machen. Zwei Jahre darauf orderte August für sich selbst und als Geschenk für den französischen König prächtige Vasengarnituren mit Schneeballblüten-Dekor, wobei letztere aus politischen Gründen nie überreicht wurde. Das Auftauchen chinesischer Exportporzellane des 18. Jahrhunderts mit Schneeballblütenverzierungen, die weitaus weniger filigran und plastisch ausgeformt sind, hat in der Porzellanforschung eine Debatte darüber ausgelöst, ob es sich hierbei um die Vorbilder handeln könnte, an denen sich Kaendler bei seinem Entwurf orientiert hat, oder ob die chinesischen Stücke eher Meissener Porzellan kopieren.

Eine dreiteilige chinesische Vase mit Schneeballblüten-Dekor in der königlichen Dresdner Porzellansammlung ist im Inventar von 1721–27 noch nicht verzeichnet, sondern erst 1779, was zunächst keine der beiden Annahmen zu bestätigen vermag.[2] Bemerkenswert sind jedoch mehrere japanische Porzellane in der Dresdner Sammlung, die zwischen 1690 und 1720 in Arita gefertigt wurden.[3] Sie sind mit plastischen weißen Prunusblüten dekoriert und befanden sich bereits vor 1721 in der Sammlung Augusts des Starken (1670–1733). In Verbindung mit einem Zitat Kaendlers aus dem Jahr 1733, dass er »an Belegen von Japanischen Blümgen« auf einem Koppchen arbeite, kommt somit auch ein japanischer Ursprung des Dekors infrage, welchen Kaendler dann in der Art eines klassischen europäischen Millefleur-Dekors verdichtet haben könnte.[4] Bereits zwischen 1713 und 1720 hatte der Modelleur Johann Jacob Irminger sich in Meissen an der Nachahmung der plastischen japanischen Blütendekore versucht, deren Verzierung mit Schmelzfarben aber technisch noch nicht möglich war.[5]

Bei Diskussionen um den Ursprung des Schneeballblüten-Dekors auf einem internationalen Fachsymposium 2018 in Dresden bildete sich unter den Teilnehmern der Konsens, dass die Datierung der chinesischen Vertreter in die Yongzheng-Ära (1723–1735) nicht haltbar und ein Entstehungszeitraum in der Qianlong-Ära zwischen 1740 und 1779 wahrscheinlicher sei, woraufhin die Dresdner Vase offiziell umdatiert wurde.[6] Auch im Hinblick auf die hier abgebildete chinesische Teekanne aus dem Kölner Museum für Ostasiatische Kunst, die bislang als yongzheng-zeitlich (1723–1735) betrachtet worden ist, erscheint eine spätere Datierung auf etwa 1750 bis 1760 sinnvoller. Zum einen entspricht die künstlerische und technische Qualität nicht dem extrem hohen Niveau dieser Ära, und darüber hinaus orderten bislang nicht-identifizierte europäische Privathändler in China ab den 1740/50er Jahren große Mengen an Kopien Meissener Motive und Formen, unter denen sich womöglich auch der Schneeballblüten-Dekor befunden haben könnte.[7]

1
Betriebsarchiv der Staatlichen Porzellan-Manufaktur Meissen, AA I Ab 12, May 1739, Bl. 86r–87v, zitiert in: Ulrich Pietsch, *Die Arbeitsberichte des Meissener Porzellanmodelleurs Johann Joachim Kaendler 1706–1775*, Leipzig, 2002, S.62.

2
Ulrich Pietsch, *Meissener Porzellan und seine ostasiatischen Vorbilder*, Leipzig, 1996, S.49.

3
Für ein Beispiel siehe »Incense burner. Inv. no. PO 494«, The Royal Dresden Porcelain Collection. Porzellansammlung, Staatliche Kunstsammlungen Dresden, https://doi.org/10.58749/skd.ps.2024.rpc.c1.120668 (zuletzt abgerufen am 22.05.2025).

4
Stefan Bursche, *Meissen: Steinzeug und Porzellan des 18. Jahrhunderts*, Kunstgewerbemuseum, Berlin, 1980, S.276.

5
Daniela Antonin, Daniel Suebsman, *Faszination des Fremden: China – Japan – Europa*, Hetjens-Museum / Deutsches Keramikmuseum, Düsseldorf, 2009, S.160.

6
»Composite jar. Inv. no. PO 6231 a–c«, The Royal Dresden Porcelain Collection. Porzellansammlung, Staatliche Kunstsammlungen Dresden, https://doi.org/10.58749/skd.ps.2024.rpc.c1.131662 (zuletzt abgerufen am 22.05.2025).

7
Siehe dazu Diethard Lübke, *Chinesische Nachahmungen von Meißner Porzellan – Chinese Porcelain-Meissen style*, Bramsche, 2012.

Teekanne mit applizierten »Schneeballblüten«
Jingdezhen (?), Provinz Jiangxi, China, Yongzheng-Periode, 1723–1735

Koppchen   Johann Joachim Kaendler, Königliche Porzellan-Manufaktur Meissen, um 1740

»Megarischer Becher« (Reliefbecher mit Delphinreiter und floralem Dekor)   Hellenistisch, 2. Jh. v. Chr.

Goldschale von Eberswalde   Eberswalde, Brandenburg, 1000 v.Chr.

Opferschale   Myanmar, Ethnie der Bamar, 19. Jh.

Harald
Stahl

Von Rohem und Gekochtem – die Natur des Gemeinsamsten

6
Vgl. ders., *Mythologica
IV. Der nackte Mensch*,
Frankfurt a.M., 1976
(zuerst franz. 1971).

7
Ders., *Mythologica II.
Vom Honig zur Asche*,
Frankfurt a.M., 1976
(zuerst franz. 1966),
S.332; vgl. ders., *Myt-
hologica I. Das Rohe
und das Gekochte*,
Frankfurt a.M., 1976
(zuerst franz. 1964).

1
Georg Simmel,
»Soziologie der Mahl-
zeit« (1910), in: Ders.,
*Aufsätze und Abhand-
lungen 1909–1918*,
Frankfurt a.M., 2001,
S.140–147, hier S.145.

Mit der menschlichen Nahrungsaufnahme verbinden sich Ritual, Distinktion, Geschmack, die
Kulturtechnik des Kochens, Backens, Zubereitens
und materielle Kultur – von der archaisch anmutenden Holzschüssel bis zum kunstvollen Silberlöffel, dessen Einsatz und Handhabe genau
geregelt ist. Vielgestaltig sind die *kulturellen*
Überformungen der menschlichen Nahrungsaufnahme, einer, mit dem Soziologen Georg Simmel
ausgedrückt, »in den Niederungen des organi-
schen Lebens gelegene[n] […] Bedürfnisbefriedi-
gung«[1]. »Von allem«, so Simmel auch, »was den

2
Ebd.,
S.140.

Menschen gemeinsam ist, ist das Ge-
meinsamste: daß sie essen und trinken
müssen.«[2]

Will man sich den naturalen oder auch nur vermeintlich naturalen Seiten dieses Gemeinsamsten zuwenden, sind neben der natürlichen Not-
wendigkeit und den basalen körperlichen
Prozessen – die freilich kultürlich geprägt, über-
formt, beeinträchtigt sind durch Lebensführung
und Ernährungsstile – auch die rohen und un-
bearbeiteten Nahrungsmittel in den Blick zu
nehmen. *Das Rohe und das Gekochte* bilden für
den Ethnologen Claude Lévi-Strauss einen Gegenstand grundsätzlicher Über-
legungen zu Natur und Kultur –
eine Unterscheidung, die er
ihrerseits zum Bereich des Gemeinsamsten zählt: »Zweifellos«, so schreibt er, »erkennen
alle Gesellschaften an, daß
zwischen diesen beiden Berei-
chen eine Trennung besteht.«[3]

3
Claude Lévi-Strauss,
»Drei große zeitgenössi-
sche Probleme: die
Sexualität, die ökonomi-
sche Entwicklung und
das mythische Denken«,
in: Ders., *Anthropologie
in der modernen Welt*,
Frankfurt a.M., 2012
(zuerst franz. 2011),
S.57–103, hier S.83.

4
Vgl. ders., *Die ele-
mentaren Strukturen
der Verwandtschaft*,
Frankfurt a.M., 1993
(zuerst franz. 1949),
S.73.

5
Vgl. ders., *Traurige
Tropen*, Frankfurt
a.M., 1978 (zuerst
franz. 1955),
S.179, 185.

Den Übergang von Natur zu Kultur
findet Lévi-Strauss im Inzesttabu,[4]
an der Gesichtsbemalung Indigener;[5]
er behandelt ihn in seinen Analysen
indigener Mythen am Nackt- und Be-
kleidetsein[6] und an der Essenszube-
reitung. Die Küche bewirke »eine Vermittlung ersten Ranges zwischen
dem (natürlichen) Fleisch und dem
(kulturellen) Feuer«.[7] Lévi-Strauss,
für den sich das menschliche Denken grundlegend
in binären Oppositionspaaren vollzieht (etwa
männlich/weiblich, oben/unten, heilig/profan),
unterscheidet zwischen *roh*, *gekocht* und *verfault*. Zwischen *roh* und *verfault* liegt lediglich
ein Naturprozess, zwischen *roh* und *gekocht* dagegen eine Transformation von Natur zu Kultur.
Zu beachten sind dabei die Zubereitungsarten:
das bloße, noch ›naturhafte‹ Rösten über dem

8
Vgl. ders., »Le triangle
culinaire« (1965), in:
Food & History, 2 (1),
2004, S.9–19.

Feuer, das über die Luft ver-
mittelte, sich mit größerem
Abstand zum Feuer vollzie-
hende Räuchern, das Kochen,
das eines Kulturgegenstandes und der Vermittlung durch Wasser bedarf, und schließlich das
Braten, bei dem neben dem Gefäß auch Fett zum
Einsatz kommt.[8]

Nun muss man einwenden, dass
viele rohe Nahrungsmittel zwar roh,
aber keineswegs naturbelassen sind.
Denn die Kultur beginnt schon vor
dem Zubereitungsprozess, zumin-
dest wenn das Rohe, wie meist, von
gezüchteten Kulturpflanzen – für

9
Lévi-Strauss
1976 (1966),
S.332.

10
Vgl. Edmund
Leach, *Claude
Lévi-Strauss*,
Chicago, 1989,
S.2.

11
Vgl. Hartmut Böhme,
»Vom Cultus zur Kultur-
wissenschaft. Zur
historischen Semantik
des Kulturbegriffs«, in:
Renate Glaser, Matthias
Luserke (Hg.), *Literatur-
wissenschaft – Kultur-
wissenschaft. Positionen,
Themen, Perspektiven*,
Opladen, 1996, S.48–67,
hier S.51.

Lévi-Strauss ihrer-
seits »eine Vermittlung von Natur
und Kultur«[9] – und Nutztieren
stammt, und nicht aus der bloßen
›naturbelassenen Natur‹.[10] Der Begriff *Kultur* beziehungsweise lateinisch *cultura* verweist ja schon
auf den Landbau, ist abgeleitet
von dem Verb *colere*, »anbauen,
pflegen, Ackerbau betreiben«[11]. Weiter wäre zu
fragen: Was fressen die Tiere? Womit werden die
Pflanzen behandelt? Was nehmen die Tiere und
Pflanzen sonst noch auf, auch die wilden, die

oder deren Teile ja mitunter auch in der Küche landen?[12] Was ist mit den durch Industrie und Verkehr eingebrachten Stoffen in Luft und Boden? Angesichts der heutigen Eingriffstiefen und -weiten menschlichen Tuns (auch mit seinen unbeabsichtigten Wirkungen), der unübersichtlichen Verstrickungen im gesellschaftlichen »Stoffwechsel mit der Natur«[13] erscheint eine Einteilung in die Bestände von Natur und Kultur ohnehin immer schwieriger. Nicht wenige halten die Rede von der Natur in Abgrenzung zur Kultur gar für hinfällig, sprechen von einer »Hybridität« von Natur und Kultur. Die Frage nach den Anteilen menschenunabhängiger Prozessualität oder des Nichtgemachten und jenen Anteilen, die sich aus dem Handanlegen der Menschen ergeben, verschwindet so im Mischmasch der Natur-Kultur-Verhältnisse.[14]

Unbeeindruckt von solchen Überlegungen scheint die Sehnsucht nach Natur ungebrochen – eine moderne Sehnsucht, die freilich erst unter den Bedingungen lebensweltlicher ›Naturferne‹ aufkommen konnte und sowohl ein Ausdruck des Zivilisationsprozesses als auch eine Reaktion auf ihn ist. Die Sehnsucht nach Natur ist nicht natürlich, wie auch das weltanschauliche Zweikammernsystem Natur/Kultur kein Natur-, sondern ein Geschichtsprodukt ist, mit dessen Universalität es wohl nicht allzu weit her ist.[15] Natur – lateinisch *natura*, von *nasci*, »geboren werden«[16] – hat man bestimmt als die außerkulturelle, außergesellschaftliche, also außermenschliche Wirklichkeit, als das Nichtproduzierte, sich selbst Reproduzierende, aber auch als das Anfängliche und Ursprüngliche, das umgeformt und gestaltet werden kann. So wird aus Rohem Gekochtes, aus Wildnis ein Wirtschaftswald, aus dem Naturzustand Zivilisation, in der sich die Menschen dann nach Wildnis sehnen können und derer mancher auch müde wird, wie der Aussteiger August Engelhardt, dem Christian Kracht in seinem Roman *Imperium* ein Denkmal gesetzt hat. 1902 machte sich Engelhardt auf, um in Deutsch-Neuguinea dem quasireligiösen »Kokovorismus« zu frönen, in dessen Mittelpunkt der Verzehr der Kokosnuss und der Nudismus standen. Im Roman wird er auf der Überfahrt zum Essen eingeladen und bestellt »einen grünen Salat [...], nicht angemacht, ohne Pfeffer und Salz«[17], und nur etwa beim Besuch des Verwaltungssitzes der Kolonie gehen er und sein Begleiter »freilich nicht nackend«[18] Engelhardt war ein (radikaler) Vertreter der Lebensreform,

die für ›naturgemäßes‹ Leben stand. Vegetarismus hatte dabei – allerdings nicht im Sinne heutiger Ressentiments gegen ihn – durchaus religionsähnliche Züge und war ein wesentlicher Teil einer ganzheitlichen Umgestaltung der Lebensführung. Die »Kohlrabiapostel« der Reformbewegung waren die Vorläufer jener, die heute das Rohe dem Gekochten vorziehen. Auch Naturheilkunde und biologischer Landbau haben hier ihre Wurzeln.[19]

Heute wird in Apothekenzeitschriften, Werbeclips, beim Besuch im Biomarkt und von ernährungsberaterischen Autoritäten verkündet, dass Natur auf den Teller gehöre. Natur verspricht Gesundheit, Authentizität, Ursprünglichkeit. Selbst auf den Verpackungen von Produkten der großen Lebensmittelkonzerne liest man von »natürlichen Zutaten« oder – bekanntlich heikel – von »natürlichen Aromen« oder sieht auf Bildern ›naturnahes‹ Landleben präsentiert, was irritieren mag. Als Lévi-Strauss-Leser gerät man vielleicht schon bei Bezeichnungen wie »Naturbackstube« semantisch ins Schleudern, sollte doch, was für die Küche gilt, auch für die Backstube gelten. In gewisser Weise gilt das jedoch selbst für die (spät-)moderne Neigung zum Natürlichen, Naturbelassenen, Ursprünglichen. Auch diese ist – selbst da, wo sie das Rohe roh lässt, also eine »Kultur der Naturbelassung«[20] pflegt – doch genau genommen *eine* Form der Kultivierung des Gemeinsamsten.

---

[12] Wie wild sind wilde Tiere eigentlich, wenn sie der Hege unterliegen, ihre Bestände reguliert und sie im Winter gefüttert werden?

[13] Karl Marx, *Das Kapital. Kritik der politischen Ökonomie*, Bd.1, Berlin, 1972 (zuerst 1867), hier S.192.

[14] Der Kulturwissenschaftler Hartmut Böhme schreibt zu dieser Tendenz: »In der Ordnung des Denkens ist es sinnvoll, begrifflich zwischen Natur und Kultur zu differenzieren, während man auf der Ebene der untersuchten historischen Praktiken immer nur Mischungszustände, Hybridbildungen, Wechselwirkungen, Übergänge findet, aber auch Diskontinuitäten, Differenzen und Gegensätze. Diese indes kann man erst feststellen und analysieren, nachdem man ein begriffliches Instrumentarium entwickelt hat, in dem ›Natur‹ und ›Kultur‹ wohlunterschiedene Termini darstellen.« Hartmut Böhme, *Aussichten der Natur*, Berlin, 2017, S.33. Pointiert und unterhaltsam zum populärsten Vertreter ›hybrider‹ Denkweisen, Bruno Latour, und seiner Rolle für das »Popkulturbürgertum« vgl. Guillaume Paoli, *Geist und Müll. Von Denkweisen in postnormalen Zeiten*, Berlin, 2023, S.126–147.

[16] Wolfgang Pfeifer et al., *Etymologisches Wörterbuch des Deutschen*, Lahnstein, 2018, S.913.

[17] Christian Kracht, *Imperium*, Köln, 2012, S.25.

[18] Ebd., S.167.

[19] Vgl. Bernd Wedemeyer-Kolwe, *Die Lebensreform in Deutschland*, Darmstadt, 2017.

[20] Hermann Lübbe, *Der Fortschritt und das Museum. Über den Grund unseres Vergnügens an historischen Gegenständen*, London, 1982, S.7.

[15] Damit ist natürlich nichts darüber gesagt, ob die Einteilung richtig oder falsch, brauchbar oder unbrauchbar, gut oder schlecht ist, sondern lediglich gemeint, dass sie nicht den Weltanschauungen aller Kulturen und Zeiten entspricht. Vgl. Philippe Descola, *Jenseits von Natur und Kultur*, Frankfurt a.M., 2013 (zuerst franz. 2005).

Schnabelkanne mit berittenem Jäger und Hirsch   Iran, 1000 – 800 v.Chr.

Skyphos, Kabirenbecher   Böotien, Griechenland, um 400 v.Chr.

Schale   Kyoto, 18. Jh. (?)

Fischteller   Italien, kampanisch, 3. Viertel 4. Jh. v.Chr.

Schale in der Form eines Heilbutts   Clifford George, Vancouver Island, Kanada, 1996 – 2000

Speiseschale in Gestalt eines Hundes
Admiralitäts-Inseln, Manus Province, Papua-Neuguinea, Anfang 20. Jh.

Trinkgefäß »Goldene Sau von Kandern« (Nachbildung)
Kandern, um 1605

177

Begegnungen am Tellerrand

Krönungsbankett von Joseph II.   Wien, Werkstatt Martin van Meytens, 1764

Friederike
Zobel

Begegnungen am Tellerrand

Der Esstisch als Bastion der Geselligkeit

Man ist, mit wem man isst. Denn so alltäglich das gemeinsame Essen erscheinen mag, so tief ist seine soziale Bedeutung verwurzelt. In allen Kulturen und Epochen war das Teilen von Speisen ein Ausdruck von Geselligkeit – und damit eine Grundlage für gesellschaftlichen Zusammenhalt. Die dazugehörige Esskultur – also wie, was, wann, wo und mit wem gegessen wird – ist dabei weit mehr als bloße Sitte oder Stilfrage: Sie ist ein Spiegel der gesellschaftlichen Beziehungen, kultureller Identität und historischer Entwicklung.

Schon in frühen Hochkulturen war gemeinsames Essen ein soziales Ritual. In Mesopotamien, Ägypten oder Indien verbanden Festessen religiöse Symbolik mit sozialer Struktur: Nur wer beim Opfermahl dabei war, war Teil der Gemeinschaft. Der Mensch rund ums Feuer, mit anderen das Erjagte teilend, war nicht nur Jäger, sondern schon Mitmensch. Und vermutlich auch schon Geschichtenerzähler – denn was wäre ein gutes Essen ohne ein paar Anekdoten?

In der griechischen Antike galt das Symposion als Höhepunkt kultivierter Geselligkeit: Wein, Diskussion, Musik und natürlich Essen verbanden sich zu einem sozialen Erlebnis, das Freundschaft, Bildung und Status stiftete. Die Römer wiederum luden zur opulenten Tafel, bei der man nicht nur den Magen, sondern auch das Ego füllte. Das vergnügliche Gastmahl ging meist einher mit künstlerischen Einlagen. Je ausgefallener, desto gelungener!

Im Mittelalter war Essen oft eine Frage des Standes – aber auch des Glaubens. Klöster pflegten gemeinschaftliche, oft stille Mahlzeiten. Tafeln in Burgen hingegen demonstrierten Macht und Überlegenheit. Gleichzeitig entwickelten sich in Zünften und Bruderschaften Essrituale, bei denen Brot und Bier soziale Wärme stifteten. Später wurden im höfischen Umfeld und im Bürgertum Tischregeln zur Kunstform – ein Vorläufer heutiger Benimmkurse.

Mit der Industrialisierung veränderten sich die Lebensrhythmen dramatisch. Trotzdem (oder gerade deshalb) wurde das gemeinsame Abendessen zur emotionalen Konstante. Der Küchentisch wurde zum Rückzugsort im städtischen Getriebe, das Sonntagsmahl zur familiären Zeremonie. Kantinenessen wiederum schuf kollegiale Nähe.

Esskultur ist mehr als gutes Benehmen. Sie ist ein Zeichensystem. Ob mit Stäbchen oder Messer und Gabel, mit der Hand oder dem Löffel: Die Art zu essen sagt etwas über Herkunft, Werte, Gruppenzugehörigkeit aus. Wer mitisst, gehört dazu – und wer die kulturellen Codes beherrscht, findet schneller Anschluss. Esskultur ist Stil, Symbol und soziales Schmiermittel zu gleichen Teilen.

In einer Welt, in der Kulturen aufeinandertreffen, wird Essen oft zum Scharnier. Wer gemeinsam neue Speisen probiert, entdeckt nicht nur fremde Aromen, sondern auch neue Perspektiven. Die Einladung zum Essen – sei es zu Couscous, Sushi oder Sauerkraut – ist oft mehr als Gastfreundschaft: Es ist ein Akt der kulturellen Anerkennung.

Im digitalen Zeitalter verläuft die Nahrungsaufnahme oft vereinzelt: Zwischen Meetings, mit Blick aufs Smartphone, im Gehen. Doch gerade dieser Verlust an Geselligkeit macht deren Wert neu sichtbar. Initiativen wie »Gemeinsam am Tisch«, Dinner-Clubs oder das Revival der Familienküche zeigen: Der Wunsch nach echtem Miteinander ist ungebrochen.

Geselligkeit am Esstisch ist weit mehr als ein Ritual: Sie ist Ausdruck von Gemeinschaft, Zugehörigkeit und Vertrauen. Die Esskultur – die Art, wie wir uns zum Essen versammeln, wie wir teilen, sprechen, lachen – ist ein historisch gewachsener Kitt der Gesellschaft.

Die Geschichte von Bayâd und Riyâd (»Hadîth Bayâd wa Riyâd«)   Maghrebinisches Manuskript / Buchmalerei, 13. Jh.

Römisches Bankett   Herculaneum, pompejanisch, 50 – 79 n.Chr.

Frühstücksstillleben   Willem Claesz. Heda, um 1635

Das Hochzeitsmahl von Großherzog Ferdinando I. und Christine von Lothringen
Domenico Cresti, gen. Passignano, um 1589

Kaiserliches Gedeck-Arrangement
Wien, 19. Jh.

Die Familie des Herzogs von Penthièvre im Jahre 1768 oder »Die Tasse Schokolade«
Jean-Baptiste Charpentier d.Ä., um 1768

Szene im Café
Ernst Ludwig Kirchner, um 1926

Das Fest des Acheloüs   Peter Paul Rubens, um 1615

فصادَفَ عِزُّوُلَنا بنجار أَنْ أَوْلَمْ بها لِأَحَدِ الجارِ فَدَعا
إلى مائدتِهِ الحُفَلاءَ مِنْ أَهْلِ الحَضارَةِ والفَلاحِ حَتّى سَرَّ
دَعْوَتَهُ إلى القافِلَةِ وجَمَعَ فيها بَيْنَ الفَريضَةِ والنّافِلَةِ
فلَمّا اجْتُنا مُنادِيةً وجَلَّلَنا نادِيَةً أَحْضَرَ مِنْ أَطْعِمَةِ البَرِّ
والبَحْرِ ما حَلا بالفَمِ وحَلِي بالعَيْنِ صُورَةُ السِّماطِ

Die Maqâmât von Aboû Moḥammad al-Qâsim ibn 'Alî al-Harîrî, 13. Jh.
gemeinsame Mahlzeit von gebratenem Fleisch mit Brot und Dip

Kaffeetafel
Deutscher Meister, 18. Jh.

Stillleben mit Zinnkanne, Schinken und Silberbecher
Pieter Claesz., um 1635

Doppelporträt eines älteren Ehepaars   Lucas Valckenborch (1535 – 1597)

Hotel-Silber – Bestecke   Gebrüder Hepp, Katalog-Auszug No. 29, Pforzheim

Teehaus an der Weidenbrücke   Utagawa Hiroshige, um 1835 – 1842

Das Mittagessen   Claude Monet, 1868/69

Großes Schauessen mit Papagei   Georg Flegel, um 1620

Kultur geht durch den Magen

Andreas
Volz

»Kultur geht durch den Magen« – eine kulturgeschichtliche Betrachtung

Essen und Trinken, deren Zubereitung und Konsum sind weit mehr als zweckorientierte Tätigkeiten. Essen und Trinken sind elementare Grundbedürfnisse und, so die amerikanische Kulturwissenschaftlerin Milton, »it is food, not sex that makes the world go round«. Die Nahrungsaufnahme entspringt gleichwohl einer Interaktion mit der Umwelt und den jeweiligen soziokulturellen Systemen. Essen und Trinken sind eine elementare Artikulation der kulturellen Wissens- und Glaubenssysteme. Die Zubereitung und der Konsum von Nahrung sind zentrale und fundamentale Symbole, die zum sozialen Überleben und zur kulturellen Identität entscheidend beitragen – Symbole von Status, Würde und Macht, von Geschlechterbeziehungen, von rituellen, religiösen oder symbolischen Systemen.

Oft dominieren bestimmte Nahrungspflanzen die Subsistenz der Menschen: Reis in Asien und Westafrika, Mais in Mittelamerika, Maniok im nicht-andinen Südamerika, Yams an der Guinea-Küste Afrikas und in Südostasien, Taro in Ozeanien oder Sago in Neuguinea. Kulturpflanzen besitzen eine höchst interessante Geschichte und sind ein wichtiger Teil der kulturellen Traditionen der Menschen, was sich in vielen Mythen, Märchen und Legenden sowie in der Kunst deutlich widerspiegelt. Nahrungspflanzen haben in vielen Kulturen der Welt eine Bedeutung, die weit über ihre rein wirtschaftliche Nutzung hinausreicht. Sie sind ein integraler Bestandteil vieler Zeremonien und religiöser Handlungen sowie Ausdruck komplexer Wissenssysteme. Sie wurden und werden als heilige Pflanzen betrachtet, dementsprechend verehrt und oft mit dem eigenen Ursprung in Verbindung gebracht. Um ihre Herkunft ranken sich zahlreiche Mythen und Legenden, denn Nahrungspflanzen kamen auf sehr verschiedene Weise zu den Menschen: als Gabe der Götter, als Gabe der Ahnen an die Menschen, als Teil eines Diebstahls aus dem Himmel wie auch aus der Unterwelt oder durch den Tod oder die Tötung eines Gottes oder eines besonderen Menschen. Als Gaben der Götter erfahren Nahrungspflanzen in vielen Kulturen der Welt eine große Verehrung. Menschen wurden aus ihnen geschaffen, ja, sie besitzen sogar eine Seele. Deutlich wird dies beispielsweise in der überragenden Bedeutung des Maises in den indigenen Kulturen Amerikas: So nennen sich die Hopi »people of the short blue corn«, wie sich auch die Maya als »Maismenschen« bezeichnen. Für die Maya wurde der Mensch nach vielen fehlgeschlagenen Versuchen mit verschiedensten Stoffen erfolgreich aus Mais geformt. Laut Überlieferungen der Tzotzil-Maya im mexikanischen Chiapas formten einst der Erste Vater und die Erste Mutter die ersten Menschen aus Maisteig. Vorausgegangene Versuche mit Lehm und Holz waren missglückt: Der Mensch aus Lehm wurde nass und zerfiel zu Erde, dem Menschen aus Holz mangelte es an Weisheit. Erst der aus Mais geknetete Mensch ergab ein vollkommenes Wesen, das denken und sprechen konnte. Eine große kultische Verehrung wird auch Yams (einer Knollenfrucht) oder Reis entgegengebracht, was bei den komplexen Yams- und Reiszeremonien in Afrika, Asien und Ozeanien deutlich wird. Pflanzen, denen eine Seele zugesprochen wird, wie beispielsweise in Westafrika der Hirse oder dem Reis in Südostasien, erfahren eine behutsame, ja ehrerbietige Behandlung durch die Menschen. Handelt es sich bei diesen Seelen doch um sehr empfindsame Wesen, die unter dem besonderen Schutz höherer Mächte stehen. Die Wertschätzung der Nahrungspflanzen spielgelt sich zugleich in der Kunst wider: Man preist die Pflanzen in Erzählungen, Gedichten und Liedern, man fertigt Abbilder von ihnen als Keramiken (Alt-Peru, Mesoamerika) oder aus Gold und Silber an (u.a. die Maispflanze im Goldenen Garten der Inka-Herrscher in Cuzco) oder stellt sie auf Malereien dar.

Zeremonialgefäße der Kulturen Mesoamerikas und der Kultur Alt-Perus sind mit polychromen Pflanzendarstellungen verziert oder in Form von Kulturpflanzen ausgeführt. Kunstvoll gefertigt sind elegante dreifüßige Gefäße gerippter Kürbisse der Colima-Kultur Westmexikos ↗97. Die drei Füßchen wurden als Vogelfiguren – wahrscheinlich Papageien – gestaltet. Papageien und Kürbisse wurden mit Fruchtbarkeit und Reichtum assoziiert. Die Bedeutung der papageienförmigen Gefäßfüße ist jedoch unklar. Vielleicht beziehen sie sich auf die Vorliebe der Vögel, die saftigen Kürbisse zu fressen.

↗97

In Form der Kartoffel sind viele Gefäße der Nazca-, der Moche- und der Chimú-Inka-Kultur gefertigt ↗65. Bei den zahlreichen Darstellungen der Kartoffel sind die Kartoffelaugen als Symbol für deren Keimfähigkeit und Fruchtbarkeit ein wichtiges Element. Die eingetieften Augen der Kartoffel scheinen den Gefäßen ein Gesicht mit Augen und Mund zu geben. Zusammen mit der oft länglich-runden, geschwungenen Form, die als Körper gesehen werden kann, verleihen sie der Kartoffel ein anthropomorphes Aussehen.

↗65

Kulinarische Begegnung
und Durchdringung

Mit Nahrungspflanzen wandern auch Formen der Zubereitung und Rezepte. Sie beeinflussten und veränderten die Essgewohnheiten oft grundlegend. Infolge der Eroberung Spaniens durch die Mauren im 8. Jahrhundert kamen zahlreiche neue Nahrungspflanzen, Gewürze und Tischsitten
nach Europa; eine Küche, die ihre Wurzeln in den damaligen Zentren
arabischer Kultur Damaskus, Bagdad und Kairo hatte und die sehr viel
weiter entwickelt war als die europäischen Küchen des Mittelalters. Europa war fasziniert von den Speisen und deren Konsumation an den Höfen
von Córdoba, Granada oder Sevilla. Die Mauren brachten Safran, Muskat-
nuss, Anis, Zimt, Ingwer, Gewürznelken, Pfeffer, Aprikosen, Johannisbrot,
Zitrone, Reis, Granatäpfel, Pfirsiche, Mandeln, Orangen, Kastanien, Bananen, Melonen, Artischocken, Spargel, Spinat oder Rohrzucker, und viele
der eingeführten Pflanzen tragen in Spanien bis heute ihre arabischen
Namen wie beispielsweise *espinaca* (*isbanakh* – Spinat), *arroz* (*al-ruzz* –
Reis), *berenjena* (*badhinjan* – Aubergine).

Eine zentrale Persönlichkeit in der kulinarischen Entwicklung Andalusiens und in der Folge Europas war Abul-Hasan Ali ibn Nafi (789–857),
Ziryāb genannt, ein außergewöhnlicher Sänger und Universalgelehrter.
Er kam als Exilant 822 an den Hof des andalusischen Omajjaden-Emirs
Abd al-Raḥmān II. (792–852) in Córdoba. Ziryāb wurde zum Hauptsänger
am Hof ernannt, wo er auch den Grundstein für eine reichhaltige und elegante Küche legte. Ziryāb revolutionierte die lokale Küche, indem er neue,
delikate Speisen wie etwa Spargelgerichte kreierte und neue Tischsitten
einführte. Die Mahlzeiten bestanden nun aus Menüs, die in drei getrennten
Gängen serviert werden sollten: Suppe, Hauptgericht und Dessert. Bislang
wurde wie in der Zeit der Westgoten alles Essen ziemlich willkürlich zusammen auf die Tafeln gestellt und konsumiert. Ziryāb führte Suppe und
Vorspeise am Beginn ein, gefolgt von Fisch und anschließend Fleisch. Das
Mahl wird schließlich mit einem schmackhaften Dessert und süßem Ge-
bäck beendet. Gläser aus Kristallglas ersetzten die schweren Trinkbecher
aus Gold oder Silber. Sichtbar war nun die Farbe des Getränks. Vom Ende
des 10. Jahrhunderts stammt das erste erhaltene Kochbuch in arabischer
Sprache von Ibn Sayyan al-Warraq, das *Kitab al-Tabikh* (Buch der Gerich-
te), und das erste Rezeptbuch aus al-Andalus aus dem 12. Jahrhundert
schrieb der Murcianer Ibn Razin al-Tuyibi.

Eine weitere kulinarische Zäsur war die Verbreitung der Kulturpflanzen der entdeckten Neuen Welt im Kontext der europäischen Expansion
seit dem 15. Jahrhundert. Zahlreiche historische Quellen berichten über
das Zusammentreffen mit den neuen, fremden, oftmals erstaunlichen
Pflanzen und Sitten der Konsumation der Menschen fremder Welten. Es
begann ein geradezu globaler Austausch, der den Menschen zwar neue
Kulturpflanzen brachte, traditionell genutzte jedoch auch marginalisier-
te und zurückdrängte, beispielsweise Quinoa, Amaranth oder Cañihua in
Lateinamerika. Heute bereichern Pflanzen aus aller Welt unsere Küchen
und sind vielfach essenzieller Bestandteil der sogenannten »nationalen
Küchen«. Oder kann sich jemand die italienische Küche ohne Tomaten aus
der Neuen Welt vorstellen? Und so war die große Vielfalt der neuen Nutzpflanzen weit wertvoller als die Edelmetalle, die die Spanier und andere
Kolonialherren in der Neuen Welt suchten, denn Mais, Bohnen, Kürbisse,

Tomaten, Avocados, Chilis, Erdnüsse, Süßkartoffeln, Kartoffeln, Maniok, Ananas, Sonnenblumen und Kakao haben ihren Ursprung auf dem amerikanischen Kontinent.

Nicht nur die sakralen und profanen Bauten von Teotihuacán, dem Zentrum des Aztekenreiches, und die Lage der Stadt im Texcoco-See beeindruckten die Spanier, sondern ebenfalls der große Markt von Tlatelolco mit seinem überreichen Angebot an Nahrungsmitteln aus allen Provinzen des Reiches. In der stratifizierten aztekischen Gesellschaft unterschied sich die Nahrung der Adeligen deutlich von der der einfachen Leute. Während letztere sich mit einer Maissuppe (*atolli*) als Mittagsmahl und Tortillas mit Chilisauce, Bohnen und Gemüse am Abend ernährten, bestand das Essen des Herrschers aus einer Auswahl von täglich 2000 verschiedenen Nahrungsmitteln, so die spanischen Quellen. Bernal Díaz del Castillo (1496–1584), der Chronist der Eroberung Mexikos durch Hernán Cortés 1519, berichtete über die Tafel Montezumas (um 1465–1520), des Herrschers des Aztekenreiches:

> *Für jede Mahlzeit bereiteten seine Köche über dreißig verschiedene Gerichte nach ihren Sitten und Gebräuchen zu, und sie stellten kleine Töpferfeuer unter die Gerichte, damit sie nicht kalt wurden. Aus dem Fleisch bereiteten sie mehr als dreihundert Teller mit den Speisen zu, die Moctezuma zu sich nehmen wollte, und mehr als tausend für die Wachen. Wenn er essen wollte, ging Moctezuma manchmal mit seinen Köchen und Verwaltern hinaus, und sie zeigten ihm, welches Gericht am besten war und aus welchen Vögeln und anderen Zutaten es bestand, und so, wie sie ihm rieten, aß er auch. Es kam nicht oft vor, dass er hinausging, um das Essen zu sehen. [...] Die Vielfalt der Eintöpfe und des Fleisches war so groß, dass wir nicht sicher waren, ob es sich um Menschenfleisch oder um andere Dinge handelte, denn es wurden täglich Hühner, Truthähne, Fasane, Rebhühner, Wachteln, zahme und wilde Enten, Wildbret, Wildschweine, Schilfvögel, Tauben, Hasen und Kaninchen sowie viele Arten von Vögeln und andere einheimische Arten zubereitet.* Übersetzt nach Díaz del Castillo 1928: 290

↗98

Auf kunstvoll gestalteten und mit geometrischen Motiven bemalten Dreifußschalen aus Ton bekamen die Angehörigen der aztekischen Oberschicht ihre Speisen serviert. Zugleich dienten die Objekte dazu, darin den Göttern zu opfern und sie in Opferdepots zu deponieren. Als eleganteste Ausführung galten Schalen mit scheibenförmigen Füßen ↗98.

Eindrücklich sind die Berichte des 16. Jahrhunderts über die ersten Zusammentreffen mit den bisher unbekannten Nahrungsmitteln und deren Zubereitung. Als die europäischen Seefahrer Amerika entdeckten, kam Chili in einer Region vor, die von Südamerika über Mittelamerika bis zu den karibischen Inseln reichte. Christoph Kolumbus stieß erstmals 1492 auf den Westindischen Inseln auf verschiedene, von der lokalen Bevölkerung, den Arawak, angebaute Chilisorten. Auf Santo Domingo notierte er am 15. Januar 1493 in sein Tagebuch:

> *Überdies fanden wir viel »axí« einheimischer Pfeffer –, der viel würziger schmeckte als der in Spanien verwendete; alle Speisen wurden damit gewürzt, was der Gesundheit sehr zuträglich sein soll.*
> Kolumbus 1981: 235–236

Christoph Kolumbus brachte 1493 die ersten Süßkartoffeln nach Spanien. Diese seltsamen Knollen, so die Berichte, wurden dem Königspaar Isabella von Kastilien und Ferdinand von Aragón aufgetischt. Jean de Léry, der von 1556 bis 1558 Brasilien bereiste, hob die Nahrhaftigkeit der Knolle, ihren süßen Geschmack und die verschiedenen Möglichkeiten der Zubereitung hervor. Der deutsche Landsknecht Hans Staden notierte 1554 während seiner neunmonatigen Gefangenschaft bei den Tupinambá in Ostbrasilien über die Süßkartoffel:

> *Es gibt auch Wurzeln, die heißen Jetica, sind von gutem Geschmack. Wenn sie die pflanzen, schneiden sie sie in kleine Stücklein und stecken die Stücke in die Erde. Das wächst dann und breitet sich über den Erdboden her wie Hopfenranken und wird voll von Wurzeln.*
> Staden 1925: Kap. 286

Bischof Diego de Landa (Mitte des 16. Jahrhunderts) fiel der Anbau zahlreicher Süßkartoffelsorten im mexikanischen Yucatán auf: gelbe, weiße und rötliche, die ihn im Geschmack an Kastanien erinnerten. Ähnliches beobachtete zu Beginn des 17. Jahrhunderts Garcilasco de la Vega in Peru:

> *Die Früchte, die die Spanier batatas nennen und die Indianer von Peru apichu, gibt es in vier oder fünf Farben, manche sind rot, andere weiß, andere gelb und andere violett, jedoch unterscheiden sie sich nur geringfügig im Geschmack; die am wenigsten guten sind diejenigen, die man nach Spanien gebracht hat.* Vega 1983: 305

Der deutsche Jesuitenpater Florian Paucke berichtete 1748 aus Paraguay über die »Erdgewächse der Indigénas und deren Verwendung«:

> *Eine andere Gattung von Wurzeln hat man nicht nur in Paraquarien, sondern auch in Spanien, wie ich in der Stadt Malaga, und im übrigen Nieder Andalusien angetroffen habe. Die Indianer nennen diese Wurzel Batáta, die Spanier Camote. Zweyerley hat man in Paraquarien: runde, und auch längliche: die runde haben ein rothes, oder violet rothes Häutlein, die langliche aber ein braun gelbes. Die Rothe sind über ein guttes Faust dick, und eine Spanne lang, welche die grösten, die ich gesehen. Sind sie innwendig weis, den Geschmack nach süss, auch noch süsser als eine Mandel. Sie kan auch roher genossen werden, aber viel angenehmer sind sie unter der Asche gebacken, oder gekocht, sind so mehlig wie die Erdäpfel, aber angenehm süss, und dem Geschmack sehr köstlich. [...] Die andere Camotes sind länglich einer gutten Spanne dick, wie ein Leberwurst, sind auch sehr süss, das innere aber ist gelb. [...] Diese Batátas sind trefflich schnitzesweis in denen gekochten Speisen, geben einen gutten Geschmack, und vertretten die Stelle der Castanien.* Paucke 1966: 688–689

1531 stießen die spanischen Eroberer des Inkareiches unter Francisco Pizarro erstmals auf die Kartoffel. Diese für heutige westliche Maßstäbe eher kleinen Erdfrüchte wurden von ihnen als trüffelähnlich beschrieben. Eine erste, recht genaue Erwähnung findet sich im spanischen Expeditionsbericht von Juan de Castellanos, der an der Expedition des Conquistadors Gonzalo Jiménez de Quesada teilnahm. Die Expedition führte ihn 1537 in die Hochtäler der Anden, wo die spanischen Eroberer auf diese für sie seltsame Feldfrucht trafen:

> *Die Häuser* [der Indígenas] *waren angefüllt mit Mais, Bohnen und Trüffles, kugelförmige Wurzeln, die nach Aussaat einen Stamm mit Ästen und Blättern und einigen Blüten, obgleich wenigen von blassvioletter Färbung brachten; und zu den Wurzeln dieser gleichen Pflanze, die etwa drei Palms* [= 60 cm] *hoch ist, sind sie unter der Erde befestigt, und mehr oder weniger die Größe eines Eies haben, einige rund und einige länglich; sie sind weiß und rot und gelb, mehlige Wurzeln von gutem Geschmack, eine Köstlichkeit für die Indios und ebenfalls ein delikates Gericht für die Spanier.* Übersetzt nach Hawkes 1967: 220

Manche Nahrungsmittel stießen jedoch anfänglich auf wenig Gegenliebe. Im südamerikanischen Tiefland wird Maniok als Grundnahrungsmittel traditionell zu fast jedem Essen gereicht. Das geröstete Maniokmehl ist ein beliebtes und lange haltbares Nahrungsmittel und wird in Körben an einem trockenen Ort gelagert. Die daraus gebackenen Brotfladen sind zwei bis drei Zentimeter dick. Ende des 16. Jahrhunderts beschrieb Pero de Magalhães Gândavo in Brasilien die Gewinnung von Maniokmehl und die Zubereitung von zwei Brotsorten: *pan de paz*, einem süß schmeckenden, jedoch nur wenige Tage haltbaren Brot, und *pan de guerra*, einer über ein Jahr haltbaren, eher bitter schmeckenden Trockenkonserve. Wenig begeistert vom Geschmack des Manioks war hingegen Francesco Carletti, der 1594 aus St. Domingo berichtete:

> *Wir fanden zu jener Zeit nichts außer etwas cazzabe vor. Damit konnten wir sie nur sehr dürftig ernähren, denn es ist eine wenig schmackhafte und die wohl schlechteste Nahrung, die man im westlichen Indien kennt.* Carletti 1978: 37

Carletti beschreibt die Zubereitung der »Maniok-Kekse«, die er anstelle von Brot konsumierte:

> *»Man sollte aber stets ein erfrischendes und angenehmes Getränk bereit haben, weil es eine sehr trockene und rauhe Masse ist, die leicht in der Kehle steckenbleibt, sodass man das Gefühl hat, ersticken zu müssen.«* Ebd.: 37–38

Ende des 16. Jahrhunderts war die neuweltliche Kartoffel zwar in einigen deutschen Ländern bekannt, wurde jedoch primär in Kräuter- und Apothekengärten als Heilpflanze kultiviert. Die Ausbreitung und Akzeptanz in Europa gingen anfänglich nur sehr zögerlich vonstatten. Die Kartoffel wurde auch deswegen nur zögernd angenommen, weil sie schwer in das traditionelle System der Dreifelderwirtschaft zu integrieren war. Zunächst baute man die Kartoffel in den europäischen Gärten der schönen Blüten wegen als Zierpflanze an, die vermeintlich giftigen Knollen wurden hingegen ignoriert. Man hatte Vorurteile gegenüber dem Nachtschattengewächs, denn die Beeren enthalten das giftige Solanin.

Durch die Begegnung und darauffolgende Eingliederung der »neuen« Nahrungspflanzen in den Anbauzyklus und deren Zubereitung im Zusammenspiel mit bestehenden Traditionen entstanden in vielen Teilen der Welt kulinarische Transformationen, »hybride Küchen«. Chili trat seinen Siegeszug in viele Esskulturen der Welt an, aus denen er nicht mehr wegzudenken ist: vom ungarischen Gulasch über die Küche Szechuans in China bis zur Küche der Thai. Bei den Tuareg in Nordafrika besteht heute ein traditionelles Gastmahl aus Ziegenfleisch mit einer Erdnusssauce aus Chilis, Paprikas und Tomaten. Zutaten aus Amerika? So verschwimmt die Wahrnehmung dessen, was als traditionell und ursprünglich angesehen wird, beziehungsweise es findet eine Neudefinition statt.

Dolo, das afrikanische Bier aus Hirse:

Das Brauen von Hirsebier ist in ganz Afrika weit verbreitet und wird u.a. als *burukutu*, *dolo*, *talla*, *pito* oder *sulim* bezeichnet. In Burkina Faso, Mali, Ghana, Nigeria und Togo wird meist ein klares Bier gebraut. Das gefilterte, leicht trübe Getränk hat erst einen süßlichen, dann säuerlichen Geschmack mit einem fruchtigen Aroma. Das Hirsebier besitzt zwischen einem und fünf Prozent Alkohol. Gebraut wird das Bier in kleinen lokalen, kommerziellen Unternehmen. Verwendet werden normalerweise weiße, rote oder braune Sorghumhirsen. Die Kurumba in Burkina Faso nutzen zum Brauen rote und weiße Sorghumhirse. Zuerst werden die Körner in Tontöpfen, die zu einem Drittel im Boden eingegraben sind, mit Wasser vermischt. Diese Mischung lässt man drei Tage ruhen, bis die Hirsekörner anfangen zu keimen. Nach dem Herausschöpfen der Hirse wird sie auf einer Matte drei Tage abwechselnd im Schatten und in der prallen Sonne getrocknet und anschließend einen Tag in Wasser gekocht. Am Ende des Tages wird die Hirse entfernt und Hefe zugegeben, die den Gärprozess der Flüssigkeit über Nacht in Gang setzt. Die Hefe wird aus einem kleinen Teil des Bodensatzes der gekochten Hirse gewonnen. Dieser Satz fermentiert während der Zubereitung von selbst. Das gefilterte fertige Bier sollte in einem aktiven Stadium der Fermentation innerhalb von 24 Stunden getrunken werden, sonst bekommt es einen zunehmend sauren Geschmack. Die Fermentierungstemperatur liegt bei 27 bis 32 Grad Celsius. Trübe Biere werden im südlichen Afrika gebraut. Die Trübung kommt von halbschwebenden Stärketeilchen, der Hefe und anderem Pflanzenmaterial. Auch diese rötlich-braunen Biere werden während der Fermentation konsumiert. Traditionelles Bier aus Sorghum ist sehr nahrhaft. So stellen die Brauer der Pedi (Südafrika) bei der zeremoniellen Darreichung des Bieres die Frage: Mutter, können wir essen? Ein Liter Bier deckt etwa zehn Prozent des täglichen Protein- und mehr als zehn Prozent des Kalorienbedarfs.

Biertöpfe werden bei den Zulu in der südafrikanischen Provinz Kwa-Zulu-Natal von den Frauen gefertigt und sehr vielseitig verziert ↗32. Bier gilt als Nahrung der Ahnen, und somit unterliegt die Herstellung Regeln und Einschränkungen. Meist werden die Gefäße im Dunkeln gelagert, auf der Rückseite des Hauses, da dort der Ort ist, den die Ahnen besuchen. Auch soll die dunkle Farbe der Töpfe mit den Ahnen in Verbindung stehen. Gereicht wird das Hirsebier bei zahleichen Anlässen wie Hochzeiten, Beerdigungen und Ritualen zum Wechsel des sozialen Status, bei Versammlungen sowie beim Besuch von Gästen.

↗32

Pulque, das berauschende Getränk aus Agavensaft:

Pulque ist ein leicht berauschendes Getränk, das durch die Fermentierung des Saftes der *Agave americana* gewonnen wird. Die Maya verwendeten große, kunstvoll bemalte Keramikgefäße, um darin Pulque zu lagern. Die szenische Bemalung eines Kruges wird als Ritual des Rausches gedeutet. Dargestellt ist ein Mann, der sich die Hand vor den Mund hält und den Kopf neigt, was möglicherweise den Zustand des Rausches illustriert.

Die Azteken brauten Pulque zusammen mit der Wurzelessenz des Strauchs *Acacia angustissima*. Das Getränk galt als magisch und wurde im rituellen Kontext verwendet. Nur hohen Würdenträgern war der Genuss von Pulque erlaubt, denn Trunkenheit war verboten und konnte mit der Todesstrafe geahndet werden. Man servierte das Getränk in bestimmten, verzierten Krügen, deren Motive im Zusammenhang mit Pulque stehen. Zahlreiche aztekische Gottheiten wurden mit Pulque in Verbindung gebracht, darunter die Pulquegottheit *Centzontotochin*. Aus Stein gearbeitet ist ein kleines Pulquegefäß der Mixteken ↗62.

↗62

Bananenbier, der »Segen Gottes«: Bananen sind in Ruanda und den anderen Staaten des Zwischenseengebietes Ostafrikas eine Hauptnutzungspflanze, die nicht nur für die Ernährung, sondern zugleich im sozialen Kontext eine zentrale Rolle spielt. Bananen werden in Ruanda als »Kuh der Armen« bezeichnet. Gemeint ist damit, dass die Frucht wie die Kuh vielseitig nutzbar ist. Der Besitz von Bierbananen ermöglicht es den Familien, mehr oder weniger regelmäßig Bananenbier zu brauen, dieses zu verkaufen und somit ein Einkommen zu erzielen. Der König der Baganda hatte sogar seine eigenen Brauer, die praktischerweise neben der Residenz wohnten und brauten. Jeden Tag, so wurde beobachtet, trugen Männer große Kalebassen mit etwa elf Litern Inhalt zum König. Im vorkolonialen Ruanda wurde eine Bierabgabe als Steuerzahlung an die Chiefs und an den Königshof erhoben sowie als Abgabe zur Aufnahme eines Klientelverhältnisses entrichtet. Bier wurde dem zukünftigen Patron als Zeichen der Wertschätzung überreicht. Man schenkt das Getränk ebenso als Entlohnung bei gemeinschaftlichen Feldarbeiten oder beim Hausbau aus. An der Art des konsumierten Biers wird der soziale Rang deutlich: Angehörige des höchsten sozialen Ranges nehmen Gersten- und Bananenbier der höchsten Qualität zu sich. Die Banyarwanda in Ruanda bezeichnen Bananenbier poetisch als »Segen Gottes«, denn ohne Bier kann man weder geboren noch beerdigt werden, ohne Bier bekommt man keine Frau, und man wird ohne Bier nicht den Geistern geweiht. Bananenbier spielt eine zentrale Rolle bei allen Verpflichtungen innerhalb der Gemeinschaft und ist zugleich ein Garant, um soziale Beziehungen aufzubauen und zu erhalten, wie beispielsweise bei außerfamiliären Kontakten, Festlichkeiten, Zusammenkünften aller Art, Brautpreisverhandlungen oder Beerdigungen. Es existieren verschiedene Herstellungsmethoden und Familienrezepte. Je nach Wasser-, Zucker- oder Honiganteil und Hefezusammensetzung werden etliche Varianten gebraut. Entscheidend ist, den richtigen Reifegrad der Banane abzuwarten. Nimmt man die Früchte zu früh, erhält das Bier einen schlechten, bitteren Geschmack, sind sie überreif, so wird es zu süß, was jedoch auch nicht gewünscht wird. Man erntet die Stauden, wenn sie voll ausgewachsen sind, kurz vor der Reife. Die einzelnen Bündel werden zerteilt und in der Küche oder im Kochbereich, wo sie durch die Wärme schnell nachreifen, aufgehängt. Nach dem Entfernen der Schale werden die Früchte in einen großen Trog geworfen und unter Zugabe von etwas Wasser zerstampft. Der Saft wird anschließend in große Töpfe gefüllt und über Nacht stehen gelassen. Am nächsten Morgen gibt man etwas gemahlene Hirse hinzu und lässt die Mischung einen weiteren Tag in Tonkrügen zur Gärung stehen. Am dritten Tag wird das Gebräu in Kalebassen umgefüllt und ist zum Verzehr bereit. Nach einem nochmaligen

Abfiltern kann die nun vergorene Mischung getrunken werden. Das fertige Bier hält sich circa eine halbe Woche. Die unterschiedliche Bierqualität hängt mit der Menge des zugegebenen Wassers zusammen. Das Bier hat einen zwei- bis fünfzehnprozentigen Alkoholgehalt. Eine »stärkere« Variante erreicht man, indem man der Fermentiermischung noch Honig hinzugibt. Laut ihrer Tradition trinken bei den Banyarwanda Frauen und Männer Bananenbier aus unterschiedlich geformten Kalebassen: Männer trinken mit einem Trinkhalm aus einer Kalebasse (*ekilele*) mit einem langen, schmalen Hals, die Frauen trinken ohne Halm aus einer kurzhalsigen Kalebasse.

Chicha, das Bier aus Mais und Maniok in Südamerika: Hergestellt

wird das fermentierte Getränk im andinen Raum aus Mais, im Amazonas-Tiefland aus Maniok, seltener hingegen aus Erdnüssen oder Quinoa. Der Herstellungsprozess kann mehrere Wochen dauern und verschiedene Arbeitsschnitte umfassen: das Mahlen der eingeweichten und gekeimten Maiskörner; Kochen des Mehls in Wasser, Zugabe von gekautem Mehl (Gärung durch Zugabe des Speichelenzyms), Absieben der Schwebstoffe. Mais spielte in den Kulturen Alt-Perus eine besondere Rolle. Naturgetreue Abbilder von Mais aus Gold und Silber im Garten Coricancha in Cuzco, dem religiösen Mittelpunkt des Inkareiches, belegen die hohe Wertschätzung, die die Inka der Pflanze entgegenbrachten. Somit war das aus Mais hergestellte Getränk ein wichtiges Element der religiösen, sozialen und politischen Wechselbeziehungen. Chicha war einerseits das tägliche Getränk der Bevölkerung, andererseits unverzichtbar bei politischen, sozialen und zeremoniellen Interaktionen. Durch Chicha verdeutlichen sich Machtbeziehungen und gegenseitige Loyalitäten. In Alt-Peru wurden bei Trinkzeremonien gegenseitige Verpflichtungen zwischen den Herrschern und Untertanen symbolisch bekräftigt. Verwendet wurden dazu mit Chicha gefüllte Keros oder Kerus.

Keros, zeremonielle Trinkbecher aus Gold, Silber und bemalter Keramik, sind in den Kulturen Alt-Perus verbreitet. Keros der Inka waren aus Holz geschnitzt und mit Einschnitten versehen. Die Fertigung der Keros wurde staatlich kontrolliert und standardisiert, was Form und Dekoration betrifft. In der Kolonialzeit stellte man sie weiter her und versah sie mit polychromen, szenischen Darstellungen. Eine besondere Ausführung sind Keros in Form eines Pumakopfes. Pumas galten für die Inka als göttliche Tiere. Die Raubkatze galt als Symbol für die Kraft der Erde und des Landes, für

↗158

Stärke, Weisheit, Intelligenz und Ausdauer. Zugleich ist die Raubkatze das Symbol der Herrschaft des Inka ↗158. Von Keros, die mit Jaguarköpfen gefertigt wurden, vermutet man, dass sie eine indigene Reaktion auf die spanischen Wappen mit Löwen waren.

Eine ausdrucksvolle Keramikform der Inka sind Aryballos, amphorengleiche Krüge für Chicha, das darin gelagert und transportiert wurde ↗67. Um die Krüge zu transportieren, zog man durch beide Griffe ein Seil und befestigte es an einer Öse, um das Gefäß auf dem Rücken zu tragen. Meist sind Aryballos mit polychromen geometrischen Mustern bemalt. Die spanischen Eroberer versuchten den Chicha-Genuss zu verbieten, jedoch ohne Erfolg. Bis heute ist das Getränk mit einem niedrigem Alkoholgehalt (ein bis drei Prozent) in Peru weit verbreitet und wird in Chicherías ausgeschenkt.

↗67

In Südamerika wird Maniokbier gebraut, das, wie das Maisbier, Chicha genannt wird. Der Fermentierungsprozess der Mischung setzt durch die Zugabe von gekautem Maniok ein. Es existieren zahlreiche Rezepte für Maniokbier; so zum Beispiel aus zerbröseltem Maniokbrot, dem die Brauer in einem bestimmten Verhältnis Wasser zugeben. An einem warmen Ort gärt die Mischung durch. Doch nicht alle aus Maniok hergestellten Getränke sind alkoholisch. Auch aus Tapioka werden Getränke hergestellt, dafür wird die in Wasser gekochte Stärke mit kaltem Wasser verdünnt und muss dann einen Tag ruhen. Oftmals verfeinern Bananen oder andere Früchte den Geschmack der Getränke. Im Tiefland Südamerikas werden Maniokgetränke bei Festlichkeiten in großen Mengen ausgeschenkt, wobei das Angebot den hohen ökonomischen Stand des Gastgebers belegt und dessen Fähigkeit, einen großen Manioküberschuss zu produzieren. Oft dauern die Feste, bis der letzte Schluck Maniokbier getrunken ist, denn das Getränk zurückzuweisen, gilt als grob unhöflich.

Palmwein
Beliebt ist Palmwein besonders in Westafrika. Nachdem er frisch gezapft wurde, ist er klar, süß und schmeckt erfrischend. Nach ein paar Tagen wird er aufgrund der einsetzenden Gärung trübe, und es bildet sich Alkohol. Soll er längere Zeit süß bleiben, wird in Ghana der frisch zubereitete Palmwein zur Hälfte mit Wasser gemischt und eine bestimmte Zeit gekocht. Am folgenden Tag wird etwas frischer Palmsaft zugegeben und gut untergemischt. Dieser Wein wird abgefüllt und verkauft. Ebenso wird Essig aus Palmwein hergestellt. Für die Gewinnung von Palmwein zapfen die Diola im Senegal die männlichen und weiblichen Blütenstände des Baumes an, wobei die weiblichen mehr Saft liefern. Der jeweilige Ertrag ist allerdings sehr variabel und liegt zwischen 15 und 25 Litern pro Palme im Jahr. Das Zapfen ist ausschließlich die Aufgabe der Männer. Gezapft werden kann das ganze Jahr über, da in den Hainen Palmen verschiedenster Entwicklungsstufen stehen. An der Farbe der Blätter erkennen die Männer das jeweilige Stadium der Palme. Gleichzeitig beobachten sie die Bienen: Sobald diese zu den blühenden Blütenständen fliegen, kann der Saft gewonnen werden. Mit Hilfe eines Taus wird die Palme bestiegen. Die Männer schlagen mit einem kleinen Stechbeil einen tiefen Einschnitt an der Basis der Blütenstände. Die Einschnitte werden gesäubert, ein Blatttrichter angebracht und darunter eine Kalebasse befestigt. Durchschnittlich zehn bis fünfzehn Tage lang leeren die Männer jeden Morgen die Kalebasse und säubern die Schnittstellen. Erfordern zeremonielle Ereignisse viel Palmwein, nutzen die Männer eine Pflanze auch länger als einen Monat. Diese Prozedur schadet der Palme nicht, allerdings produziert sie weniger Früchte. Durch die einsetzende Gärung geht der Saft recht schnell in Wein über. Palmwein wird für den Eigenverbrauch sowie für den Verkauf produziert, spielt aber auch eine erhebliche Rolle bei zeremoniellen und gesellschaftlichen Ereignissen. Für die Diola verdeutlicht er das System ihrer sozialen Beziehungen. So bekräftigt ein junger Mann seinen Heiratsvertrag mit mehreren hundert Litern Palmwein. Nachdem er diese Gabe der Verwandtschaft der Braut überreicht hat, bringen die Verwandten den Wein am Schrein ihres Vaters als Opfer dar. Auf Beerdigungen schenkt man große Mengen Palmwein an die Anwesenden aus. Vor allem ist er das zentrale Symbol ihrer traditionellen Religion: Nur mit Palmwein können die verschiedenen Kontrakte zwischen

den Individuen und den Geistern der Schreine besiegelt und bestätigt werden. Als Mittler agieren die Ältesten. Sie opfern große Mengen des Getränks an den Schreinen, da die übernatürlichen Wesen Ereignisse und Beziehungen der realen, sozialen und übernatürlichen Welt beeinflussen können. In dem Buch »Der Palmweintrinker. Ein Märchen von der Goldküste« erweist der nigerianische Autor Amos Tutuola (1920–1997) dem Palmweingenuss eine literarische Hommage:

> Ich war ein Palmweintrinker, seit ich ein Knabe und zehn Jahre alt war. Ich hatte sonst keine Arbeit, mein Leben bestand darin, Palmwein zu trinken. [...] Ich trank Palmwein von morgens bis abends und von abends bis morgens. Ich konnte damals kein gewöhnliches Wasser mehr trinken, nur Palmwein. Als mein Vater gewahr wurde, was mit mir los war, verpflichtete er einen erfahrenen Palmweinzapfer für mich, der hatte nichts anderes zu tun, als nur jeden Tag Palmwein zu zapfen. Mein Vater gab mir eine Farm, die neun Meilen groß war im Quadrat, – sie enthielt 560.000 Palmbäume, und der Palmweinzapfer zapfte einhundertfünfzig Fäßchen Palmwein an jedem Morgen, aber noch vor zwei Uhr nachmittags hatte ich alles getrunken.
> Tutuola 1962: 5

↗161

Kunstvoll gearbeitet sind die Palmweinbecher der Kuba in der Demokratischen Republik Kongo, die oft in Form eines Kopfes gefertigt sind ↗161. Die aus Holz geschnitzten Kopfbecher sind Prestigeobjekte, die sich im Besitz der Elite befinden. Sie wurden vererbt und verschenkt. Einige Becher werden als Kopf mit einem armlosen, stark verkürzten Torso, andere nur als Kopf mit dem Hals als Becherfuß geschnitzt. Ebenso fertigt man doppelköpfige, janiforme Becher. Palmweinbecher wurden in einer großen Formenvielfalt geschnitzt. Verwendet wurden die Becher im rituellen Kontext und um damit Gäste zu bewirten.

Gewürze und Götterspeise: Zucker, Salz, Chili, Kakao – wertvoll, alltäglich

Noch bis ins 19. Jahrhundert waren Gewürze sowie Salz und Zucker überaus wertvoll, ihr Besitz und die kulinarische Verwendung mit Status und Prestige verbunden. Aufbewahrt wurden sie in wertvollen und kunstvoll gefertigten Gefäßen. Heute stehen Zuckerdosen (oder Zuckertütchen) auf jedem Kaffee- und Salzstreuer auf jedem Restauranttisch.

Zucker Das Ursprungsgebiet des Zuckerrohrs ist Neuguinea, wo noch heute die Wildform *Saccharum robustum* vorkommt. Als eine weitere Wildform wird *Saccharum spontaneum* angesehen. Die Domestikation erfolgte vor ca. 10.000 bis 12.000 Jahren. Von Neuguinea aus kam die Pflanze nach Südostasien, breitete sich aus und erreichte Indien vor circa 4.000 Jahren. Schriftliche Sanskrit-Quellen aus der Zeit von 300 v. bis 400 n. Chr. beschreiben die Pflanze, den Anbau und die Verarbeitung im indischen Gangestal. Alexander der Große lernte die zuckerhaltige Pflanze auf seinem Feldzug nach Indien kennen und schätzen. Er beschrieb

das Rohr als Schilf, das Honig hervorbringe. Ebenso ist davon auszugehen, dass Zuckerrohr im alten Griechenland und Rom bekannt war. So berichtet Plinius d. Ä.:

> *Der Zucker kommt auch aus Arabien, der aus Indien ist jedoch beliebter. Es handelt sich aber um eine in Rohrhalmen angesammelte honigartige Masse, weiß wie Gummi, zerbrechlich zwischen den Zähnen, höchstens von der Größe einer Haselnuss und nur als Arznei verwendet.* Plinius 1977: 33

Wahrscheinlich führten die Perser zu Beginn des 9. Jahrhunderts Zuckerrohr und die Technik der Weiterverarbeitung in Ostafrika ein. Arabische Quellen aus der Zeit Mitte des 9. Jahrhunderts berichten von Zuckerimporten aus Ostafrika. Die Pflanze verbreitete sich vom Nahen Osten aus nach Westen und kam durch die Araber etwa 700 n. Chr. nach Spanien und im Jahre 827 nach Sizilien. Die frühesten Quellen, die von der Zuckerherstellung berichten, stammen aus dem indo-persischen Raum und werden auf die Zeit um die Zeitenwende, zwischen 350 v. Chr. und 350 n. Chr., datiert. Die Technologie der Zuckergewinnung brachten die Araber im 9. und frühen 10. Jahrhundert nach Europa. In den Zuckermühlen Andalusiens mahlten steinerne, von Wasserkraft und Tieren angetriebene Mühlsteine das Rohr, eine Technik, die die Spanier in die Neue Welt exportierten. Zucker war im 16. und 17. Jahrhundert in Europa äußerst kostbar und nur gut situierten Kreisen verfügbar. Im 19. Jahrhundert verlor Zuckerrohr seine dominierende Stellung, als es gelang, billigen Rübenzucker herzustellen, der für breite Schichten nun erschwinglich war.

Salz Das »Weiße Gold« war in Europa lange Zeit ein überaus wertvolles Gut. Auf die Tafeln kam es in kunstvoll gearbeiteten Salzfässchen oder in Salzstreuern aus Porzellan und Edelmetall. Salz zu verschütten galt als Omen für Unglück.

Besondere Kunstwerke sind die kunstvollen, aus Elfenbein geschnitzten Salzgefäße oder Salzpokale zum Aufbewahren von Salz, die Ende des 15. und im 16. Jahrhundert von Schnitzern der Sapi im heutigen Sierra Leone, den Edo in Benin und den Yoruba in Nigeria gefertigt wurden ↗Abb.1. Sie werden auch als Sapi-Portugiesische Elfenbeinschnitzereien bezeichnet. Diese Schnitzarbeiten wurden für portugiesische Auftraggeber zu Beginn des 16. Jahrhunderts als Auftragsarbeiten nach deren Wünschen und Vorgaben hergestellt. Trotz erkennbarer afrikanischer Stilelemente überwiegen europäische Stilmerkmale. Sie sind in Form und Ausführung eine Verschmelzung afrikanischer und europäischer Kunst. Als überaus kostbare Objekte zierten sie die Sammlungen, Wunderkammern und Raritätenkabinette europäischer Herrscher und wohlhabender Kaufleute. Zwei Gruppen können unterschieden werden: eine Ausführung mit einer konischen und eine mit durchbrochen gearbeiteter, zylindrischer Grundform. Beiden gemeinsam ist die Form einer Schatulle mit Deckel auf einer Sockelplatte, getragen von Figuren und Stäben. Den Deckel krönen oft Figuren in Aktion wie beispielsweise ein Scharfrichter mit Kopfbedeckung, Schild und Axt sowie Köpfen zu seinen Füßen. Neben den Salzgefäßen wurden kunstvoll geschnitzte Löffel, Gabeln und Jagdhörner aus Elfenbein für die Portugiesen gefertigt.

1 ↗245

211

Chili

Chili gehört zu den ältesten domestizierten Kulturpflanzen, und nicht nur die Küche Lateinamerikas wäre ohne den schmackhaften und oft pikanten Chili undenkbar. In Monte Albán in Oaxaca existiert eine Chilidarstellung auf einer Glyphe, die auf das Jahr 200 n.Chr. datiert wird. Für die Azteken war Chili, von dem sie zahlreiche Sorten kultivierten, ein Grundnahrungsmittel, das sie auch als Tributleistung von den unterworfenen Ethnien einforderten. Laut Codex Mendoza gehörten zu den jährlich geforderten Abgaben des Aztekenherrschers Montezuma II., so die aztekischen Listen, 36.800 Kilogramm Chili. Francisco Hernández beschrieb zu Beginn des 16. Jahrhunderts verschiedene Arten: *quauhchilli*, einen Baum-Chili mit kleinen, aber sehr scharfen Schoten; *chiltecpin*, eine sehr scharfe Art, deren »Feuer« jedoch schnell nachlasse; *tonalchilli*, einen Sommer-Chili; *chilcoztli*, der alle damit zubereitete Nahrung gelb färbe; *tzinquauhyo* und *texochilli* mit einer großen, etwas süßeren Schote würden mit Tortillas gegessen. Letzterer werde auch getrocknet und eingelagert, dann nennen ihn die Azteken *pochilli*. Auch Bernadino de Sahagún (1498/1500–1590), der Chronist der Kultur der Azteken, beschreibt im Codex Florentinus die große Auswahl an Chilis, die unter anderem auf dem großen aztekischen Markt von Tlatelolco im Angebot waren:

> *Der Chili-Verkäufer [...] verkauft milde rote Chilis, große Chilis, scharfe grüne Chilis, gelbe Chilis, cuitlachilli, tenpilchilli, chichioachilli. Er verkauft Wasser-Chilis, conchilli; er verkauft geräucherte Chilis, kleine Chilis, Baum-Chilis, dünne Chilis [...] Er verkauft scharfe Chilis, die frühe Sorte, die von der gekrümmten Art. Er verkauft grüne Chilis, spitzförmige rote Chilis, eine späte Art, solche von Atzitziuacan, Tochmilco, Huaxtepec, Michoacan, Anauac, der Huaxteca und Chicimeca. Daneben verkauft er Chili-Bänder, in olla gekochte Chilis, Fisch-Chilis, weiße Fisch-Chilis.* Übersetzt nach Sahagún 1961: 67

Kunstvolle bildnerische Darstellungen von Chilis finden sich auf Keramiken der Chavín-, der Moche- und der Nazca-Kultur Alt-Perus ↗140. Die rituelle Rolle des Ackerbaus in der Nazca-Kultur verdeutlichen Keramikschalen, die mit tanzenden Personen bemalt sind. Typisch gekleidet, zeigen sie neben einem Ackerbaugerät auch Kulturpflanzen: Bohnen, Lúcuma, eine gurkenähnliche Frucht, und Chili. Die Samen waren lange keimfähig und leicht zu transportieren, was wesentlich zur schnellen Verbreitung in alle tropischen und subtropischen Gebiete der Welt beitrug. Durch portugiesische Seefahrer gelangte Chili nach Afrika und Asien, wo er sogleich Bestandteil der lokalen Küchen wurde. Die Spanier brachten Chili von Mexiko aus über den Pazifik auf die Philippinen. Aus dem Orient erreichte Chili durch türkische Händler wieder Europa. So bezeichnete der deutsche Botaniker Leonard Fuchs, von dem die erste botanische Beschreibung und erste Illustrationen stammen, 1542 die Pflanze als »Calicutischen Pfeffer« und »Indischen Pfeffer«. Fuchs vermutete, dass die in Deutschland vorkommenden Varianten aus Indien stammten. Dass er selbst Chili anbaute, lässt folgender Eintrag vermuten:

↗140

> *Indianische Pfeffer ist ein frembd gewechß / newlich in unser Teütschland gebracht. Würt in scherben und wurzgärten gezilet. Mag keinen frost leiden / muß ausgesetzt / oder über winter in der stuben behalten werden / so bringt es im volgenden summer wiederumb / frucht, wie es dan mir gethon hat.* Fuchs 1543: Cap. 281

Mitte des 16. Jahrhunderts wuchs Chili in großer Fülle in spanischen Gärten. Chili sei besser als schwarzer Pfeffer und koste nichts, bis auf das Säen, wie ein Chronist begeistert schrieb. Chili wurde somit kein wertvolles Prestigeprodukt der Eliten, sondern fand schnell Eingang in die Küche der einfachen Leute rund um das Mittelmeer, was die Notiz von Nicolás Monardes aus dem Jahre 1564 belegt:

> *[...] ihn kennt man in ganz Spanien, denn es gibt weder Ziergarten noch Nutzgarten noch großen Blumentopf, in dem er nicht wegen der Schönheit der Frucht, die er trägt, gepflanzt ist.*
> Nach Haberland 1993: 343

Kakao

Kakao ist weit mehr als ein schmackhaftes Getränk und Basis leckerer Schokolade. Er ist, worauf schon die wissenschaftliche Bezeichnung von Carl von Linné verweist, die »Speise der Götter«: griechisch *théos* = Gott und *bróma* = Speise. Kakao war in den Kulturen Mesoamerikas überaus wertvoll und hochgeschätzt. Schon in der ersten Hochkultur Alt-Amerikas, der Kultur der Olmeken, fanden Archäologen Zeugnisse für den Kakaoanbau. Hauptanbaugebiete lagen in den heutigen mexikanischen Bundesstaaten Tabasco und in der pazifischen Küstenebene von Chiapas sowie in Guatemala. Nach Vorstellungen der Maya und anderer mexikanischer Ethnien ist der Kakaobaum göttlichen Ursprungs. Einst fanden ihn die Götter in einem Berg, der auch die weiteren Nahrungspflanzen der Maya barg. Gefiederte Schlange, ihre oberste Gottheit, reichte Kakao dem aus Mais geschaffenen Menschen. Die Maya entwickelten geradezu eine Leidenschaft für diese Pflanze und kultivierten die »beste Sorte«, den *xoconusco*, den sie nicht nur zu zeremoniellen Anlässen reichten – er war auch ein »Trank der Elite« sowie wertvolles Exportgut. Seine große Bedeutung zeigt sich auch darin, dass ein Herrscher von Tikal eine Glyphe für Kakao, 2 ↗245 *ah-cacaw* (Kakao-Mann), in seinem Namen führte.

Der äußerst kostbare, aufgeschlagene Kakao wurde auf Banketten, bei Staatsempfängen, Hochzeitsfeierlichkeiten oder Ritualen in kunstvoll gearbeiteten Schalen und Bechern dargereicht ↗Abb.2. Ikonografisch lässt sich dies durch die stuckierten und polychrom bemalten zylindrischen Tongefäße, die Becher und Kakaokrüge belegen. Was man über die Verarbeitung von Kakao und den Genuss des Getränks bei den Maya weiß, stammt von den schriftlichen Zeugnissen und den zahlreichen Darstellungen auf den formvollendet bemalten und gravierten Gefäßen sowie Wandmalereien. Zum Beispiel belegen sie die Herstellung des beliebten Schokoladenschaums: Dafür gossen die Maya den Kakao so lange von einem Gefäß in ein anderes, bis sich Schaum bildete.

Gefäße der Maya, die wahrscheinlich zum Servieren von Kakao benutzt wurden, besitzen eine seitliche Ausgussöffnung ↗70. Malereien zeigen, dass aus solchen Gefäßen Kakao aus einer beachtlichen Höhe in die Becher gegossen wurde, um Schaum zu erzeugen, denn dieser galt bei den Maya und den Azteken als das »Beste« an dem Getränk. Außerdem mischten sie ihn mit Mais oder würzten ihn mit Chili. Die Überlieferungen beschreiben zugleich die unterschiedlichen Geschmacksrichtungen: bitter, süß, fruchtig. Archäologen fanden Keramiken, die noch Reste einstmals flüssiger Schokolade enthielten. Ebenso beliebt war das aromatische und süße Fruchtfleisch.

↗70

Wie bei den Maya war auch bei den Azteken Kakao ein Getränk der Elite, der Mitglieder des Herrscherhauses, der Würdenträger und Adligen, der Fernhandelskaufleute und Krieger. Er wurde auf feierlichen Banketten nach dem Essen zusammen mit Rauchtabakröhrchen gereicht. Dem gemeinen Volk war der Genuss von *chocolatl* nur zu bestimmten Ritualen gestattet. Die Bohnen wurden zusammen mit einigen gekochten Maiskörnern in einem Mörser zermahlen, mit Wasser vermischt und mit einem Holzquirl schaumig geschlagen. Getrunken wurde *chocolatl* kalt. Die Azteken verfeinerten den Trank mit Vanille, Honig sowie mit Chili, und mit kleinen goldenen, silbernen oder hölzernen Löffeln rührten sie die Schokolade um. Bernardino de Sahagún führt eine ganze Liste mit verschiedenen Schokoladengetränken auf. Er überlieferte, dass der letzte Herrscher des Aztekenreiches, Montezuma II., in seinem Palast verschiedene Schokoladen wie grüne Kakaofrüchte, Honigschokolade, Blumenschokolade, leuchtend rote Schokolade, *huitzte-colli*-Blumenschokolade, blumenfarbene Schokolade, schwarze Schokolade oder weiße Schokolade serviert bekam. Laut Bernal Diaz del Castillo, Chronist der Eroberung Mexikos, konsumierte Montezuma II. täglich mindestens 50 Schalen des Trunks. In den Kulturen Mesoamerikas wurden Getränke aus gemahlenen Kakaobohnen gemischt mit Chili und Mais hergestellt. Zusätzlich gab man roten Farbstoff zu, der aus der Pflanze *Bixa orellana*, dem Annattostrauch, gewonnen wurde. Nachgewiesen ist, dass die Maya den Kakaobaum seit der mittleren Präklassik kultivierten. 1505 traf Christoph Kolumbus vor der Küste des heutigen Honduras auf ein Handelskanu der Maya, das eine Art Mandeln, so der Entdecker, mitführte. Diese seien den Maya sehr wertvoll gewesen. Das daraus zubereitete Getränk fand Kolumbus jedoch zu sehr gewürzt und abscheulich bitter. Den Spaniern in der Neuen Welt erschien der Kakao-Trank erst genießbar, nachdem er gesüßt wurde; unter den Europäern fand Kakao anfänglich – aufgrund des doch ungewohnten, bitteren Geschmacks – nur wenig Freunde. So schrieb 1566 der italienische Reisende Girolamo Benzoni über die Trinkschokolade:

> ... [es scheint] *eher ein Getränk für Schweine zu sein als für die Menschheit. Ich war seit über einem Jahr in diesem Land und wollte es nie probieren, und wann immer ich an einer menschlichen Siedlung vorbeikam, bot ein Indianer mir etwas davon an und war erstaunt, daß ich es nicht annahm, und ging lachend davon. Doch dann, als einmal der Wein knapp war, tat ich, um nicht immer nur Wasser zu trinken, wie die anderen. Der Geschmack ist ein wenig bitter, er sättigt und erfrischt den Körper, macht jedoch nicht betrunken und ist, wie die Indianer dieses Landes sagen, die beste und teuerste Ware.* Nach Coe 1996: 133–134

Es waren Mönche, nach anderen Quellen Nonnen, die in Mexiko beziehungsweise Guatemala eine für den Eigenbedarf in Wasser lösliche Kakaomasse produzierten. Sie fertigten aus gemahlenem Kakao Oblaten oder Tabletten, denen man nur noch Zucker und heißes Wasser zugeben musste. Dies war jedoch keine europäische Erfindung, schon aztekische Krieger trugen sie bei sich. Getrocknete Tabletten wurden erfolgreich nach Europa exportiert, wo 1585 die ersten Schiffsladungen eintrafen. Die Kakaotabletten waren jedoch so kostbar, dass sie nur der obersten Bevölkerungsschicht vorbehalten waren, als ein Getränk des Adels. Der spanische Stilllebenmaler des 18. Jahrhunderts Luis Meléndez stellte auf seinem Gemälde *Bodegón con servicio de chocolate y bollos* (1770) diese »medallones de chocolate« dar.

Im kolonialen Mexiko trank die Oberschicht bei gesellschaftlichen Events aus *Jícaras*, auch *Coco chocolatero*
genannt, Schokoladenbechern aus einer Kokosnusshälfte
mit kunstvollen Gravuren, eingefasst in Silber und auf
einen Silberfuß stehend ↗Abb.3.

Infolge der Eroberung des Azteken-Reiches im Jahre
1519 durch Hernán Cortés trafen die Spanier in zunehmen-
dem Maße auf Kakao und daraus hergestellte Produkte.
Die Nachricht über dieses sonderbare Getränk erreichte
bald Europa. Die ersten Bohnen soll Cortés zusammen 3 ↗245
mit Geräten zur Herstellung von Trinkschokolade nach Spanien gebracht
und Karl V. huldvoll überreicht haben. In der Barockzeit riefen die Beschrei-
bungen der Schokoladenherstellung durch die Indígenas in Reiseberichten
und Illustrationen ein reges Interesse hervor. Zugleich thematisierten
Künstler das Schokoladetrinken in Allegorien wie beispielsweise Giovanni
Battista Tiepolo auf seinem Fresko in der Würzburger Residenz. An den
Höfen und in der feinen Gesellschaft war Schokolade im 17. Jahrhundert
ein beliebtes Modegetränk, dem auch eine medizinische Bedeutung bei-
gemessen wurde. Um den vermeintlich um sich greifenden Sittenverfall
zu stoppen, erhob man in Preußen unter König Friedrich I. eine Steuer,
die jedoch der Verbreitung keinen Abbruch tat. Bis ins 18. Jahrhundert
blieb der Genuss der Schokolade ein Privileg der europäischen Oberschicht.
Erst als 1828 der holländische Chemiker Coenraad Johannes van Houten
den pulverisierten Kakao erfand, wurde dieser für breitere Schichten
verfügbar.

Dankes- und Opfergaben

Nahrung besitzt in vielen Kulturen eine zeremonielle Bedeutung als Opfer-
oder Ritualspeise. Dargereicht wird sie oftmals in speziellen Opfergefäßen.
Nahrung steht in einem engen Zusammenhang mit religiösen Vorstellungen und Riten. Speise- und Trankopfer sind vielfach zentrale Handlungen
im Kult. Unterschieden werden kann grob in Lob-, Bitt-, Dankes- oder
Sühneopfer. Besondere Opfer sind die sogenannten Erstlingsopfer. Von
dem erlegten Wild oder der geernteten Nahrung opfert man den Ahnen
oder Gottheiten besondere Leckerbissen oder Erstlingsfrüchte. Mit der
Ernte und dem Konsum der Nahrungspflanzen zu beginnen, war erst erlaubt, nachdem diese Opfer dargebracht waren. So werden in Indonesien
den Ahnen in den verschiedenen Phasen des Reisanbaus Opfer gereicht,
und nach der Ernte wird zum Dank ein Erstlingsopfer dargebracht, um sie
gütig zu stimmen. Aussaat und Ernte werden von bedeutenden Festen und
Zeremonien begleitet, und so nehmen Reisfeste in Asien oder Yamsfeste
in Westafrika eine zentrale Stellung bei den jährlichen Zeremonien ein.

Für die Akha in Südchina, Birma, Laos und in Nordthailand hat Reis
eine außerordentliche soziale und religiöse Bedeutung. Der Beginn der
Reisernte wird vom Priester angezeigt. Er pflückt drei Ähren des zeremo-
niell gepflanzten Reises und legt sie in seinen Ahnenaltar. Drei weitere
Ähren werden der Reisseele des Dorfes als Dank geopfert. Dann erntet der
Priester Reis für das bedeutungsvolle zeremonielle Mahl, das »Erstlingsopfer«. Erst nach diesen rituellen Handlungen beginnen die Dorfbewohner
mit der Ernte.

Die Gerste ist in Ladakh, einem kleinen Himalaja-Königreich, ein alltägliches Nahrungsmittel, doch ebenso eine Speise für besondere Tage, die den Jahreszyklus in Verbindung mit religiösen und profanen Festen gliedern: Titularfeste der Klöster, Zeremonien zum »Erwachen der Erde«, Feste zum Erntebeginn oder Übergangsriten wie Geburt, Hochzeit und Begräbnisse. Unabdingbar sind Rituale, Trankopfer, Opferungen und Gebete, die die Lamas, buddhistische Priester, vor und nach der Einlagerung der Ernten abhalten. Speziell an Buddha Zambala, die Gottheit der Fülle, richten sich Zeremonien nach der Ernte, um ihm für den Wohlstand des Haushaltes zu danken sowie um weitere gute Gerstenernten zu bitten.

Das Grundnahrungsmittel der im Süden Togos und Ghanas lebenden Ewe ist Yams, von dem sie zahlreiche Arten kultivieren. Das Anbaujahr beginnt mit der Bestellung der Yamsfelder und endet mit der Ernte der Knolle. Die besondere Stellung, die der Yams bei den Ewe und anderen Ethnien einnimmt, bringen das rituelle Fest des »neuen Yams« und die Funktion des sogenannten Yams-Priesters zum Ausdruck. Verbunden mit dem Neuen-Yams-Fest ist bei den Ewe eine rituelle Reinigung der Dörfer. Der Yams-Priester eröffnet die Saatzeit. Zusammen mit dem Häuptling werden auf dem Yamsfeld religiöse Handlungen vollzogen. Mit einem Stück Yams in den Händen wird darum gebeten, alles Böse fernzuhalten, Segen auf das Feld zu lenken und die Pflanze gedeihen zu lassen. Die bedeutendste Feier im Kalender der Ewe und anderer Ethnien der Guineaküste ist das Fest für den neuen Yams, das einen überwiegend religiösen, aber auch sozialen Charakter hat. Bevor die Knolle geerntet werden darf, werden Zeremonien abgehalten. Es werden Opfer vom neuen Yams dargebracht, und es findet ein Festmahl statt. Die Pflanzen für das Fest des neuen Yams werden auf speziellen Feldern angebaut.

Mit Keramikgefäßen, die als *paqcha* bezeichnet werden, reichten die Inka *Pachamama*, der Mutter Erde, Chicha im Rahmen eines Dankes- und Versöhnungsopfers dar. Die meisterhafte Keramik zeigt an der unteren Spitze einen Trittgrabstock, am oberen Ende einen Maiskolben und auf dem Griff des Grabstocks einen Krug für das Maisbier ↗Abb.4. Symbolisiert wird damit der Lebenszyklus des Maises und der landwirtschaftliche Kalender von der Aussaat über die Ernte bis hin zur Herstellung von Chicha.

4 ↗ 245

Prestige – Status – Ritual

Nahrung ist ein zentraler Marker, um Status und Prestige zu bekunden oder zu erlangen. So sind bestimmte Nahrungsmittel spezifischen Individuen oder Gruppen wie Herrschern, Notabeln oder Priestern vorbehalten und werden in Objekten in besonders kunstvoller Ausführung und aus wertvollen Materialien gereicht. Kunstobjekte wie Schalen oder Gefäße in Form von Nahrungspflanzen etwa in den Kulturen Alt-Perus verweisen auf die zentrale Rolle bei Fruchtbarkeitsritualen. Zeremonialgefäße der dortigen Wari-Kultur sind mit polychromen Pflanzendarstellungen verziert. Die rituelle Bedeutung der kultivierten Pflanzen und der Agrarriten verdeutlichen zahlreiche Nazca-Keramiken. So sind Teller und Schalen der Nazca mit tanzenden Personen und sprießenden Bohnen bemalt, die als Symbole des erwachenden Lebens gedeutet werden. Bohnen waren ein zentrales Motiv der Nazca-, der Paracas- und der Moche-Kultur wie auch bei den Inka Alt-Perus.

Prestige und Status konnten durch sogenannte Verdienstfeste wie die Schweinefeste in Papua-Neuguinea, bei denen der Rang des ›big man‹ erlangt oder bestätigt wird, oder das Potlatch an der Nordwestküste Nordamerikas erreicht werden. Bei diesen Festen wurden gewaltige Mengen an Nahrungsmitteln aufgeboten.

Oft haben Zeremonialschalen der Kulturen der Nordwestküste Nordamerikas zoomorphe Formen oder weisen Tiermerkmale auf, wie beispielsweise die Schale der Haida aus dem Horn eines Bergschafes mit dem Kopf eines Wolfes oder Bären ↗101. Wolf und Bär sind bedeutende und mächtige Totems. Typisch für die aus Holz geschnitzten Schalen der Tlingit und Heiltsukin in der Form eines auf dem Rücken liegenden Bibers ist ein kleiner Holzstamm, den das Tier mit Hilfe der Vorderpfoten oft waagerecht im Maul hält. Andere Schalen haben die Form von Fischen, Seelöwen, Robben oder Walen, die als Clantiere angesehen werden. In den Schalen wurden Lebensmittel und Fischöl aufbe- ↗101 wahrt, die zu bestimmten Festen und Zeremonien wie dem Potlatch gereicht wurden. Das Öl der Kerzenfisches *Thaleichthys pacificus* galt als eine Delikatesse und wurde zum Aufweichen getrockneter Beeren verwendet. In den großen Festschüsseln der Kwakwaka'wakw wurden den Gästen bei besonderen Anlässen beträchtliche Mengen an Speisen offeriert. Sie waren wertvolle Erbstücke bedeutender Clanmitglieder, trugen einen eigenen Namen und besaßen eine eigene Geschichte. Je kunstvoller und größer sie gefertigt waren und je mehr aufgetischt wurde, desto geehrter fühlte sich der Gast, und so stieg zugleich das Ansehen des Gastgebers, der damit die Gäste beeindruckte.

Reis ist Leben, denn er ist für mehr als die Hälfte der Menschheit die tagtägliche Nahrung. Unterschieden wird zwischen dem asiatischen Reis *Oryza sativa* und dem wenig bekannten afrikanischen Reis *Oryza glaberrima*. Der Reisanbau dominierte die Subsistenz und die Lebenswelten der Ethnien des westlichen Westafrikas, sodass sie als »civilisation du riz« bezeichnet werden. Die Ahnen der Diola im Senegal erhielten einst den Reis von *Emitai*, ihrer höchsten Gottheit. Er gab dem Reis die das Leben erhaltende Kraft und den ersten Bewohnern das Land. So steht für sie Reis in direktem Bezug zu ihren verehrten Ahnen und *Emitai*, der den Regen schickt. Zahlreiche Geister sind für den Regen und die Fruchtbarkeit der Felder zuständig. Spezielle Riten werden in einigen Regionen für den »Geist des Reises« abgehalten, dessen Schrein inmitten des Reisfeldes liegt. Reis ist für die Diloa gleichbedeutend mit Nahrung, demzufolge bedeutet ihre Bezeichnung *sinangas* sowohl gekochter Reis als auch Nahrung. Sie bevorzugen neuen, gekochten Reis, den sie am Geruch und Geschmack erkennen. Während die Erwachsenen den Reis der neuen Ernte essen, geben sie den Reis aus dem letzten Jahr den Kindern. Auch Gästen reichen sie neuen Reis, um sie nicht zu beleidigen. Reisgaben begleiten ohne Ausnahme alle Lebensabschnitte wie Geburt und Namensgebung, Beschneidungsrituale, Hochzeit oder Begräbnis. Reis ist Gegenstand zahlloser Gespräche, außerdem Gradmesser des sozialen Systems der Diola und ein sichtbares Zeichen von Wohlstand.

Neben Masken sind Löffel die bemerkenswertesten Schnitzarbeiten der Dan (Elfenbeinküste/Liberia). Mit diesen etwa 60 bis 70 Zentimeter langen, überdimensionierten Löffeln teilen die Frauen bei festlichen Anlässen Reis aus. Dabei suchen sich die Frauen gegenseitig zu übertreffen und tanzen mit ihrem Gefolge, die Löffel schwenkend, durch die Siedlung.

217

Die als beseelte Wesen angesehenen Löffel sind sehr vielgestaltig ausgeführt: im geometrischen Stil, mit Menschen- oder Tierköpfen, meist ein Widderkopf, oder als Doppellöffel. Manchmal endet der Löffel als menschliche Hand mit verkürzten Fingern. Die Löffel werden als *wunkirmian* oder *wakemia* bezeichnet, was etwa »Festtagslöffel« bedeutet. Sie sind Prestigeobjekte und Statussymbole und zeichnen besondere Frauen, *wunkirle* genannt, für ihre Großzügigkeit aus. Besonders ausgeführt sind Löffel, deren Stiele als untere Hälfte eines weiblichen Körpers ausgeführt sind ↗Abb.5.

5 ↗245

Sago ist bei einigen Ethnien Neuguineas ein Grundnahrungsmittel. Neben der beträchtlichen wirtschaftlichen Bedeutung besitzt Sago einen großen rituellen und kultischen Stellenwert. Bei den Sawos am Mittleren Sepik in Papua-Neuguinea ist die gedankliche Verknüpfung zwischen Sago, der Fruchtbarkeit der Gesellschaft und der zeremoniellen Kopfjagd am deutlichsten. Im Unterschied zu Yams und anderen Nahrungspflanzen wird die Palme nur wenig gepflegt. Um das Mark nutzen zu können, wird sie gefällt und somit getötet. Nur durch ihren Tod gewinnen die Menschen Nahrung und Kraft zum eigenen Überleben und die eigene Fruchtbarkeit. Dies veranschaulicht die hervorgehobene Rolle des Sagos im rituellen Zyklus. Es werden Sagofeste und Sagofruchtbarkeitszeremonien abgehalten, Sago dient als rituelle Speise bei Heiratszeremonien, und es erfolgt eine Sagospeisegabe der Frau an ihren zukünftigen Ehemann.

Kunstvolle Keramikgefäße mit Gesichtern der Aibom am Mittleren Sepik in Papua-Neuguinea werden zum Aufbewahren von geräuchertem Sago verwendet. Gefertigt werden die Töpfe von den Frauen, die Männer modellieren die Gesichter und bemalen sie nach dem Brennen ↗159. Nach einer Mythe habe *Kolimangge*, eine Geistfrau, die ersten Töpfe als lebende Wesen geschaffen. Diese konnten gehen, sich an der Sonne trocknen oder auf den Märkten Tauschhandel treiben. Verschwand die Geisterfrau *Kolimangge*, verwandelten sich die Töpfe in harten Ton. Vermutet wird, dass der Topf das Gesicht eines Geistes darstellt.

↗159

Zum Servieren von Sago werden von den Sawos im Nordosten Neuguineas große Schüsseln, *kamana*, aus Keramik verwendet ↗153. Bei Gebrauch stellt man sie auf einen geflochtenen Ring, werden sie nicht verwendet, dreht man sie um, und die eingeschnittenen Motive werden sichtbar. Meist sind es geometrische Motive, in denen sich menschliche Gesichter zeigen. Diese werden als bedeutende spirituelle Vorfahren oder Geister gedeutet. Obwohl sie zum tagtäglichen Gebrauch dienen, verweisen die dargestellten Gesichter auf eine mythische Relevanz. Gefertigt werden sie von den Frauen, die Männer führen die Motive aus.

↗153

Baroin, Catherine: »De la bière de banane au soda en bouteille: Religion et boisson chez les Rwa du Mont Meru Tanzania du Nord«, in: *Journal des Africanistes*, 71 (2) 2001, S. 77–94.

Bassani, Ezio, William B. Fagg: *Africa and the Renaissance: Art in Ivory*, Center for African Art, New York, 1988.

Berdan, Francis: »Die aztekische Gesellschaft, Ökonomie und Tributpflicht«, in: *Azteken*, Ausstellungskatalog, Köln, 2003, S. 38–47.

Bindon, James: »Breadfruit, Banana, Beef, and Beer«, in: *Ecology of Food and Nutrition*, 12 (1) 1982, S. 49–60.

Brauen, Martin: *Feste in Ladakh*, Graz, 1980.

Bray, Tamara L.: »Inka Pottery as Culinary Equipment: Food, Feasting, and Gender in Imperial State Design«, in: *Latin American Antiquity*, 14 (1) 2003, S. 3–28.

Bray, Tamara L.: »The Role of Chicha in Inca State Expansion: A Distributional Study of Inca Aríbalos«, in: Jennings, Justin, Brenda J. Bowser (eds.), *Drink, Power, and Society in the Andes*, Grainsville, 2008, S. 108–132.

Carletti, Francesco: *Reise um die Welt 1594. Erlebnisse eines Florentiner Kaufmanns*, Tübingen, 1978 (repr.).

Carlson, Robert G.: »Banana Beer, Reciprocity, and Ancestor Propitiation among the Haya of Bukoba, Tanzania«, in: *Ethnology*, 29, 1990, S. 297–311.

Coe, Sophie D., M. D. Coe: *The True History of Chocolate*, New York, 1996.

Díaz del Castillo, Bernal: *The Discovery and Conquest of Mexico 1517–1521*, London, 1928.

Egloff, Brian (ed.): *Pottery of Papua New Guinea*, Port Moresby, 1977.

Fischer, Eberhard, H. Himmelheber: »Spoons of the Dan (Liberia/Ivory Coast)«, in: Homberger, L. (ed.), *Spoons in Art*, Museum Rietberg, Zürich, 1991, S. 28–40.

Foster, Nelson, L. S. Cordell: *Chilies to Chocolate: Food the Americans Gave to the World*, Tucson, 1992.

Fournier, Dominique: »Le pulque au Mexique, entre préparation culinaire et production artisanale«, in: Bataille-Benguigui, M.-C., F. Cousin (éds.), *Cuisines. Reflets des Sociétés*. Paris, 1996, S. 307–324.

Fuchs, Leonhard: *New Kreuterbuch*, Basel, 1543.

Gessain, Monique, M. Th. de Lestrange: »La bière de Sorgho chez les Bassari«, in: *Information sur les Sciences Sociales*, 26 (2) 1987, S. 633–648.

Grube, Nicolai: »Kakao – Das göttliche Getränk«, in: Grube, Nicolai (Hg.), *Maya. Gottkönige im Regenwald*, Köln, 2000, S. 32–33.

Grube, Nicolai: »Tortillas und Tamales – Die Speise der Maismenschen und ihrer Götter«, in: Grube, Nicolai (Hg.), *Maya. Gottkönige im Regenwald*, Köln, 2000, S. 80–83.

Haberland, Eike, M. Schuster: *Sepik – Kunst aus Neuguinea*, Städt. Museum für Völkerkunde, Frankfurt a. M., 1964.

Haberland, Wolfgang: »Die wahren Schätze Indiens. Nutzpflanzen aus der Neuen Welt«, in: *Naturwissenschaftliche Rundschau*, 46 (9) 1993, S. 341–347.

Hartmann, Günter: »Alkoholische Getränke bei den Naturvölkern Südamerikas«, in: *Baessler-Archiv N. F.*, VIII, 1960, S. 31–61.

Hawkes, J. G.: »The History of the Potato«, in: *Journal of the Royal Horticultural Society*, 92, 1967, Parts 5, 6, 7, 8.

Jolly, Eric: »Bière de mil et manières de boire«, in: Bedaux, R., J. D. van der Waals, *Regards sur les Dogon di Mali*, Leyden, 2004, S. 110–114.

Kolumbus, Christoph: *Bordbuch*, Frankfurt a. M., 1981.

Lemonnier, Pierre: »Food, Competition, and the Status of Food in New Guinea«, in: Wiessner, P., W. Schiefenhövel (eds.), *Food and the Status Quest. An Interdisciplinary Perspective*, Berghahn, Providence, 1996, S. 193–218.

Milton, Katharine: »Food and Diet«, in: Levinson, D., M. Ember (eds.), *Encyclopaedia of Cultural Anthropology*, New York, 1996, S. 503–508.

Mohr, Richard: »Das Yamsfest bei den Ewe von Aloi (Togo)«, in: *Anthropos*, 57, 1962, S. 177–182.

Nasrallah, Nawal: *Best of Delectable Foods and Dishes from al-Andalus and al-Maghrib: A Cookbook by Thirteenth-Century Andalusi Scholar Ibn Razīn al-Tujībī (1227–1293)*, Leiden, 2012.

Paucke, Florian: *Zwettler-Codex 420. treu gegebene Nachricht durch e. im Jahre 1748 aus Europa in West-America, nahmentlich in d. Provinz Paraguay abreisenden u. im Jahre 1769 nach Europa zurukkehrenden Missionarium*, II. Teil, Wien, 1966.

Plinius, Secundus Gaius: *Naturkunde*, Bd. 12, *Botanik, Bäume*, Darmstadt, 1977.

Sahagún, Bernardino de: *Florentine Codex. General history of the Things of New Spain*, Book 10, *The People*, by Arthur J. O. Anderson, Charles E. Dibble, Vol. 11, Santa Fe, 1961.

Saul, Mahir: »Beer, Sorghum and Women. Production for the Market in Rural Upper Volta«, in: *Africa*, 51 (3) 1981, S. 746–764.

Staden, Hans: *Warhaftige Historia und Beschreibung eyner Landtschafft der wilden nacketen grimmigen Menschfresser-Leuthen in der Newenwelt America gelegen*, Faks.-Wiedergabe nach d. Erstausgabe, »Marpurg uff Fastnacht 1557«, Frankfurt a. M., 1925.

Tokovinine, Alexandre: »›It is his Image with Pulque‹: Drinks, Gifts, and Political Networking in Classic Maya Texts and Images«, in: *Ancient Mesoamerica*, 27 (1) 2016, S. 13–29.

Tutuola, Amos: *Der Palmweintrinker. Ein Märchen von der Goldküste*, Zürich, 1962.

Vega, Garcilasco de la: *Wahrhaftige Kommentare zum Reich der Inka*, Berlin, 1983.

Volz, Andreas: »Janiforme Darstellungen im interkulturellen Vergleich«, in: *Tribus*, 61, 2012, S. 114–155.

Volz, Andreas: *Blauer Mais und rote Kartoffel. Eine kleine Kulturgeschichte bekannter und weniger bekannter Nahrungspflanzen*, Rangsdorf, 2019.

Waines, David: »The Culinary Culture of al-Andalus«, in: Jayyusi, Salma K. (ed.), *The Legacy of Muslim Spain*, Vol. 2, Leiden / New York / Köln, 1992, S. 725–738.

Winizki, Ernst: *Afrikanische Löffel – African Spoons*, Museum Rietberg, Zürich, 1990.

Winter, Johanna Maria van: »Arabic influences on European Medieval Cuisine«, in: Vroom, Joanita, Y. Waksman, R. Van Oosten (eds.), *Medieval MasterChef, Archaeological and Historical Perspectives on Eastern Cuisine and Western Foodways*, Turnhout, 2017, S. 25–32.

219

Mercado
Campesino
Sucre, Bolivien

Yams

Markt,
Grenzgebiet Burkina Faso/Togo

Ullucu,
Mashua

Markt Copacabana,
Bolivien

Kartoffelmarkt
Cuzco, Peru

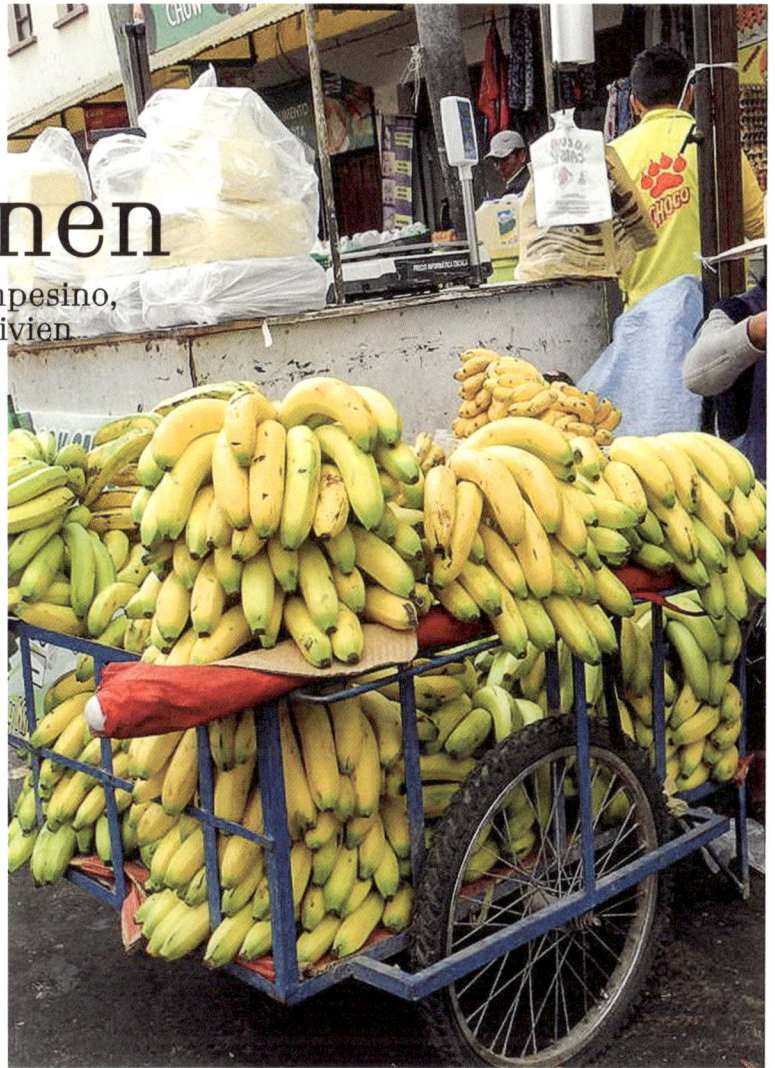

Bananen
Mercado Campesino,
Sucre, Bolivien

Kürbisse
Markt, San Ignacio de Velasco,
Bolivien

Amaranth

Copacabana, Bolivien

Sorghum

Bohnen

Tomaten

Maniokmehl
Markt, Burkina Faso

Mais
Peru

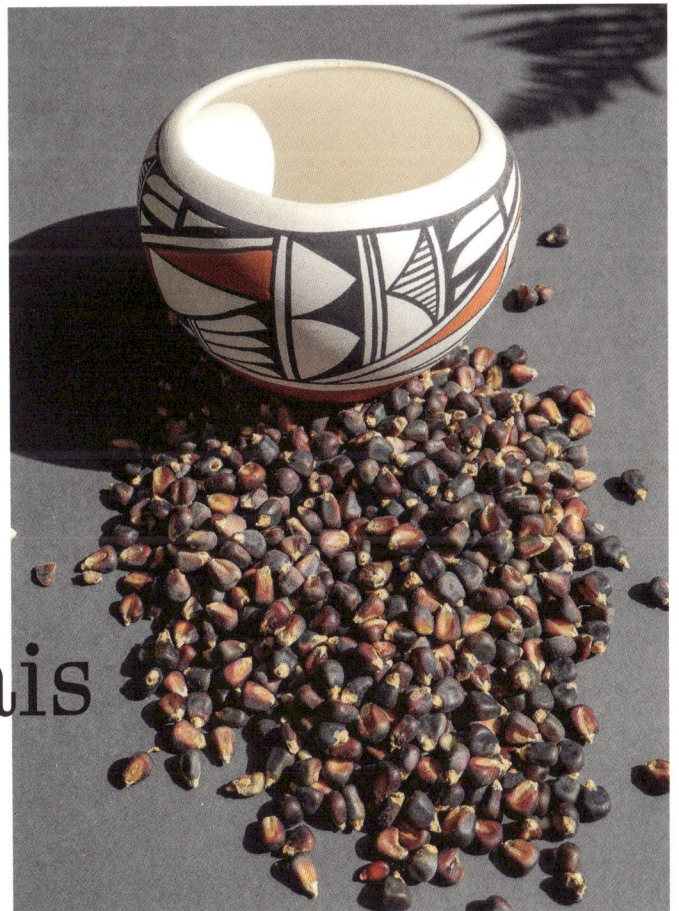

Blauer Mais
der Hopi Arizonas

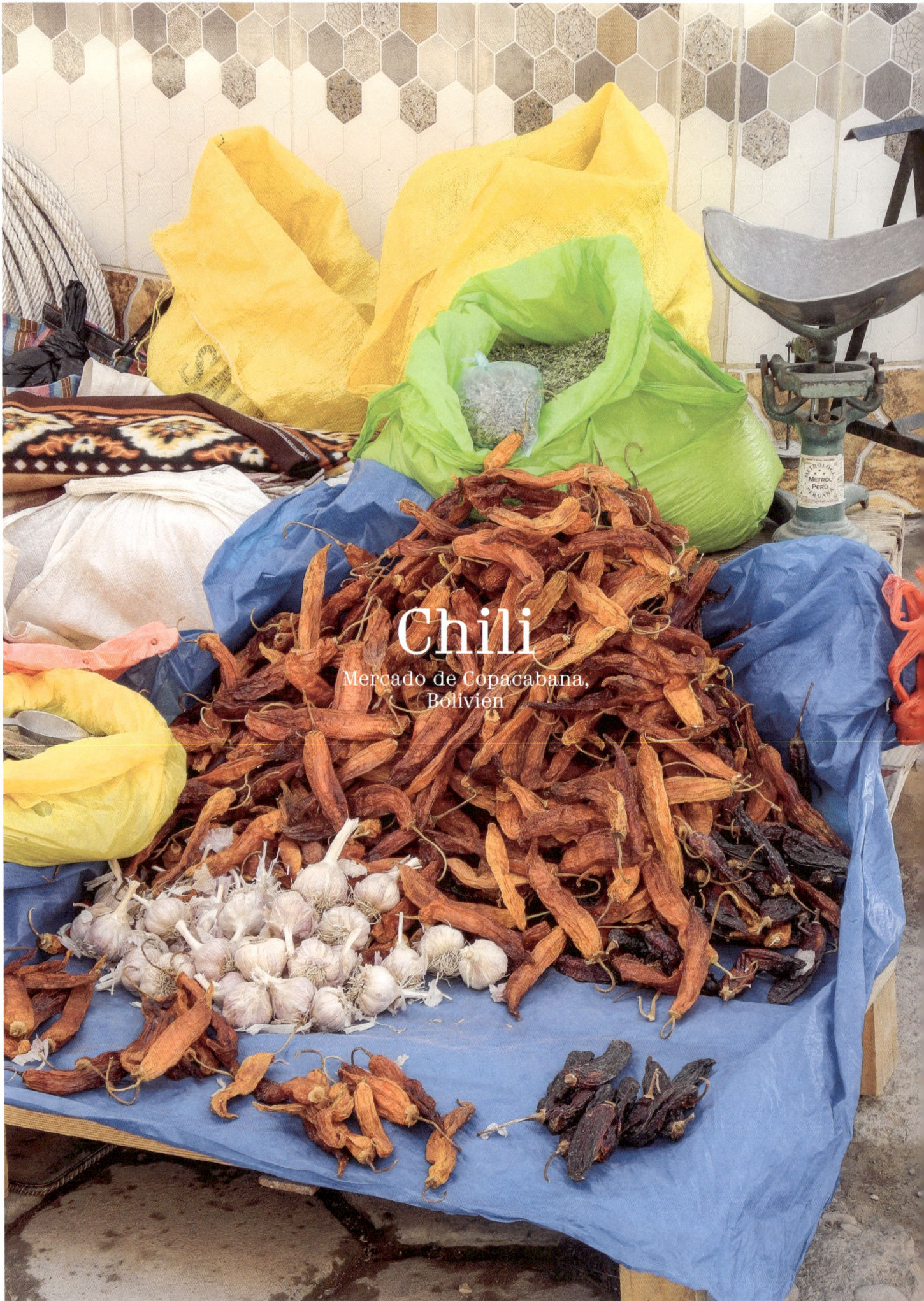

Chili

Mercado de Copacabana,
Bolivien

Erdnuss
Bolivien

Kakaobohnen
in einer Dreifußschale
der Maya

Mercado Campesino

Sucre, Bolivien

Taro
Philippinen

Pepino
Peru

Maniok
Bolivien

Die
Goldschmiedeschule
tischt auf!

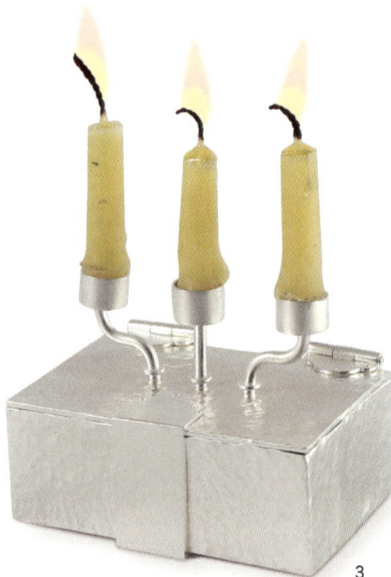

1
Unnützes Besteckset
Kupfer und Messing
versilbert, Holzperlen,
Schnur, Kabelbinder
Vanesa Jonuzi
Pforzheim, 2025

2
Zahnstocherfisch
Kupfer versilbert,
Zahnstocher
Jasmina Seel
Pforzheim, 2025

3
Candlelight dinner to go
Messing versilbert,
Kerzen, Feuerzeug
Anna Stalmann
Pforzheim, 2025

4
Set zum Frischmachen
Messing, Neusilber, Spiegel,
Labradorit, Glasperlen
Alena Weber
Pforzheim, 2025

5
Aschenfresser
Neusilber und Messing
Hanna Mina Deutsch
Pforzheim, 2025

6
Kaffeelöffel
Messing und Kupfer
versilbert
Sophia Bieringer
Pforzheim, 2025

Im ersten Ausbildungsjahr am Berufskolleg für Design, Schmuck und Gerät haben wir die spannende Einladung angenommen, uns mit dem Thema »Aufgetischt« auseinanderzusetzen. Der gedeckte Tisch ist weit mehr als nur ein Ort zum Essen – er ist ein Ausdruck unserer Kultur, Tradition und Lebensart. Alltägliche Dinge werden durch handwerkliches Können in kleine Kunstwerke verwandelt.

Die 25 Schülerinnen und Schüler haben kunstvolle Objekte geschaffen, die das Thema Essen, Trinken und gemeinsames Beisammensein auf individuelle Weise interpretieren. Funktionen wurden überdacht und in eine neue Form gebracht.

In der dreijährigen Ausbildung verbindet das Berufskolleg Design mit Goldschmiedetechnik. Dabei werden die eigenen Ideen in Metall umgesetzt, auch mit alternativen Materialien wie Holz und Kunststoffen. Für dieses Projekt wurden funktionale und gleichzeitig ästhetisch ansprechende Objekte geschaffen, die den Tisch auf besondere Weise aufwerten.

Dem Zahnstocher gibt Jasmina Seel eine große Bühne. Sophia Bieringer hat sich schon immer einen schönen Dosierlöffel für Kaffeepulver gewünscht, und mit dem »Candlelight Dinner to go« ist Anna Stalmann bereit für das spontane romantische Essen. Die Kerzenständer werden mit einem Feuerzeug und den selbstgezogenen Kerzen in der kleinen Schatulle für die Hosentasche verstaut. »Aschenfresser« nennt Hanna Mina Deutsch ihr dreibeiniges Wesen, und mit Alena Webers »Set zum Frischmachen« ist man stilvoll für jede Gelegenheit gerüstet. Vanesa Jonuzi dagegen kritisiert mit ihrem »unnützen Besteckset« Konsum und Ignoranz. Sie fühlt sich schlecht, wenn sie satt gegessen ist und gleichzeitig an Krieg und Hungersnöte denkt.

»Aufgetischt« ist somit mehr als nur ein Thema – es ist eine Einladung, den Tisch als Ort der Begegnung und des kreativen Ausdrucks zu sehen. Wir zeigen Stücke, die was können, die nicht nur schmücken, sondern auch einen kulturellen Beitrag zum Alltäglichen leisten.

4

5

6

4000
v.Chr.

2025

110

87

40

108

75

168

172

55

141

143

142

173

174

70

36

160

66

97

167

133

140

41

61

64

68

90

32

115

100

155

89

91

52

65

96

112

44

53

98

62

67

47

107

45

158

88

21

107

48

24

126

23

119

138

177

86

48

46

137

63

31

149

26

55

91

25

29

113

139

42

58

128

174

165

93

166

69

84

85

80

92

94

154

116

150

169

155

148

39

56

33

151

78

30

101

54

129

131

60

130

79

103

121

161

60

16

22

82

83

151

127

83

71

43

79

120

176

117

20

121

118

73

37

71

81

32

153

159

157

152

163

38

27

175

57

59

109

111

49

74

114

28

132

99

147

135

135

136

95

106

Werk–
verzeichnis

Wenn nicht anders
angegeben, sind die
Maße in der Reihenfolge
Höhe × Breite × Tiefe bzw.
Höhe × Breite aufgeführt.

15/16
Speiseschale
(Vorder- und Rückseite)
Holz
Nordküste der
Sepik-Region,
Papua-Neuguinea
19./20. Jh.
52 × 39 cm
Galerie Meyer, Paris

20
Krug mit Frauenkopf
Keramik
Demokratische Republik
Kongo, Ethnie der
Mangbetu, 1. Hälfte 20. Jh.
H 28,8 cm, ∅ 15,5 cm
Museum Fünf Kontinente
München

21
Elfenbeinlöffel
Geschnitztes Elfenbein
Westafrika, 16. Jh.
L 24,4 cm
Badisches Landes-
museum, Karlsruhe
Inv. Nr. D 223

22
Doppelschale
Holz
Salomoninseln,
Papua-Neuguinea,
19./20. Jh.
33 × 18,5 × 5,5 cm
Galerie Meyer, Paris

23
Zwei Löffel, mit einer
Kette verbunden
Birnbaum- oder
Apfelbaumholz
Deutschland oder
Schweiz, um 1600
L 87 cm (Kette)
Deutsches Klingenmuseum
Solingen, Inv. Nr. L.085

24
Besteckköcher mit
Messer und Gabel
der Maria Zuberin
Stahl, Silber teil-
vergoldet, Holz
Schweiz (?), 1590
L 20,3 cm (Messer),
L 23 cm (Köcher)
Deutsches Klingenmuseum
Solingen
Inv. Nr. 2006.M.202 a-c

25
Holzlöffel mit Futteral
Buchsbaum/Holz,
Schildpatt, Messing,
Achat, Alabaster,
Wolltuch, Baumwoll-
gewebe, Seidenkordel,

vergoldeter Silberdraht
Osmanisches Reich,
Ende 17. Jh.
L 22,5 bzw. 29,3 cm
Badisches Landes-
museum, Karlsruhe
Inv. Nr. D 219

26
Feldflasche mit reicher
Metalldrahtstickerei
Leder, Ramie,
vergoldeter Silberdraht,
Seide, Silber, Niello
Osmanisches Reich,
2. Hälfte 17. Jh.
34,3 × 19,5 cm
Badisches Landes-
museum, Karlsruhe
Inv. Nr. D 231

27
Etrogdose
Graviertes Silber,
synthetische Faser, Filz
Piet Cohen
Amsterdam, um 1995–2001
20 × 7,7 × 7,7 cm
Jüdisches Museum Berlin
Inv. Nr. 2001/361/0

28
Papiertüte (Croissant)
Silber, gefaltet und
patiniert
David Bielander
München, 2016
5 × 20 × 11 cm
Galerie SO London

29
Großer Faltbecher
aus Leder
Leder, Eisen
Osmanisches Reich,
Ende 17. Jh.
24 × 11,4 cm
Badisches Landes-
museum, Karlsruhe
Inv. Nr. D 235

30
Fünfteiliges
Essbesteck
Eisen geschmiedet
und verziert, Messing
beschlagen, Knochen
geschnitzt, Seidenband
China, vor 1878
L 32,7 cm
GRASSI Museum für
Völkerkunde zu Leipzig

31
Kürbisflasche mit
Metalldrahtverzierung
Leder, vergoldeter
Silberdraht, Seide, Holz,
Seidenseele, Korallen/
Schmuckstein,
vergoldeter Silberlahn,
Seidenzwirn
Osmanisches Reich, 17. Jh.
H 12,8 cm, ∅ 11,2 cm
Badisches Landes-
museum, Karlsruhe
Inv. Nr. D 233

32
Hirsebiergefäß
Ton
Südafrika, Ethnie der
Zulu, Mitte 20. Jh.
H 24 cm, ∅ 27 cm
Museum Fünf Kontinente
München

33
Biergefäß mit Deckel
Holz
Sambia/Angola, 2. Hälfte
19. Jh.
H 28,5 cm, ∅ 23 cm
GRASSI Museum für
Völkerkunde zu Leipzig

36
Becher mit
einem Henkel
Keramik
Bodman am Bodensee,
4./3. Jh. v. Chr.
∅ 10,6 cm
Museum der Universität
Tübingen

37
Kanne mit Tasse,
Untertasse und
Milchkännchen
Steingut, mattglasiert
Entwurf Margarete
Heymann-Loebenstein,
Ausführung Haël-
Werkstätten für
künstlerische Keramik
Marwitz bei Velten,
um 1925/30
6,5 × 13 cm (Tasse);
1,5 × 13,8 cm (Untertasse)
Bröhan Museum, Berlin

38
Party-Trinkhelm
Kunststoff
1990er Jahre
15 × 30 × 27 cm
Badisches Landes-
museum, Karlsruhe
Inv. Nr. 2006/1494

39
Trinkgefäß als Schuh
Leder, silberbeschlagen,
gemarkt wie Nürnberg
G. F. Bierfreund
Wohl Hanau, 19. Jh.
18 × 17,9 cm
Germanisches National-
museum, Nürnberg

40
Kyprisches
Kompositgefäß
Keramik
Zypern, frühkyprisch,
Bronzezeit,
2000–1600 v. Chr.
H 29 cm
Museum der Universität
Tübingen

41
Figurgefäß mit
Steigbügelausguss
in Form einer
Maniokstaude
Ton
Peru, Moche-Kultur,
0–600 n. Chr.
15,1 × 12,3 × 19,2 cm
Staatliche Museen zu
Berlin, Ethnologisches
Museum
Inv. Nr. V A 62141

42
Enghalsflasche mit
Darstellung der
»Acht Kostbarkeiten«
Porzellan
China, Qing-Dynastie,
um 1700
H 19,5 cm, ∅ 8 cm
Badisches Landes-
museum, Karlsruhe
Inv. Nr. V 19457

43
Gefäß für Palmwein
»mimbo«
Kalebasse, Bast
Basho, Kamerun, Ethnie
der Anyang, vor 1904
H 59, ∅ 25 cm
GRASSI Museum für
Völkerkunde zu Leipzig

44
Daubenbecher
Holz
Konstanz, Spätmittel-
alter, 13.–15. Jh.
9 × 13 cm
Archäologisches
Landesmuseum
Baden-Württemberg

45
Schuppenbecher
Silber getrieben, gegos-
sen, ziseliert, graviert
und teilvergoldet
Stefan Schirlinger,
gemarkt Nürnberg,
1541/1549
H 12,8 cm, ∅ 8,1 cm (oben)
Germanisches National-
museum, Nürnberg

46
Buckelpokal
Silber, vergoldet,
getrieben, gegossen,
ziseliert, geschnitten
Jeremias Ritter
Nürnberg, vor 1646
H 46,7 cm, ∅ 10 cm (Fuß),
10,6 cm (Lippenrand),
12,6 cm (Deckel)
Germanisches National-
museum, Nürnberg,
Leihgabe aus Privat-
besitz

47
Konfektschale,
sogenannte
Hubertusschale
Kupferlegierungen,
getrieben, versilbert,
vergoldet, gegossen,
Hirschfigur gegossen
Sebastian Lindenast d. Ä.
zugeschrieben
Nürnberg, um 1500
H 4,2 cm, ∅ 16,5 cm
Germanisches National-
museum, Nürnberg

48
Granatapfelbecher
Silber, getrieben und
vergoldet
Nürnberg, um 1630
H 10,5 cm, ∅ 11,3 cm
Badisches Landes-
museum, Karlsruhe
Inv. Nr. 64/125

48
Hirschpokal
Silber, gegossen,
vergoldet, getrieben
Süddeutschland,
2. Hälfte 16. Jh.
H 19,3 cm, Sockel: L 14 cm,
B 7,5 cm
Badisches Landes-
museum, Karlsruhe
Inv. Nr. 60/130

49
Prosecco-Halter »Stil«
Aluminium, Saugnapf
Flo Schwab
Stuttgart, 2009
H 11 cm, ∅ 7 cm
Badisches Landes-
museum, Karlsruhe
Inv. Nr. 2014/664

52
Teller der Gattung
»Nishapur-Ware«
mit Inschrift
Irdengut, Schlickmalerei,
Manganschwarz
Afrasiyab (Alt-Samarkand),
Usbekistan, oder Nishapur,
Iran, Samaniden-
Dynastie, Ende 10. Jh.
H 4,5 cm, ∅ 27,3 cm
Badisches Landes-
museum, Karlsruhe
Inv. Nr. 70/391

53
Schale mit
Lüstermalerei
Quarzkeramik, Glasur,
Lüster
Kaschan, Iran,
Seldschuken-Dynastie,
Ende 12. Jh.
H 7,8 cm, ∅ 17,8 cm (ge-
samt), 6,5 cm (Standring)
Badisches Landes-
museum, Karlsruhe
Inv. Nr. A 12136

54
Schöpflöffel
Kokosnuss, Holz,
geschnitzt und bemalt
Admiralitätsinseln,
Bismarck-Archipel, Papua-
Neuguinea, 1890–1906
H 34 cm, ∅ 11,5 cm
Ethnologische Sammlung
des Museums Natur und
Mensch, Städtische
Museen Freiburg. II/1945

55
Klappbarer Löffel
Geschnitztes Obstholz
Deutsch, 2. Hälfte 17. Jh.
L 14,5 cm
The Fitzwilliam Museum,
University of Cambridge

55
Schale
mit Löwenprotome
Steatit, geschliffen,
gebohrt, geritzt, poliert,
eingelegt
Phönizien, Syrien,
9. Jh. v. Chr.
5,9 × 14,7 cm, ∅ 9,1 cm
(Schale)
Badisches Landes-
museum, Karlsruhe
Inv. Nr. 72/75

56
Sakeflasche in Gestalt
einer liegenden Ente
Steinzeug, Aufglasur,
Goldlackreparatur, bemalt
Provinz Satsuma, Japan,
Edo-Zeit, 19. Jh.
21 × 12,8 × 9,3 cm
12,8 × 21 × 9,3 cm (liegend)
Badisches Landes-
museum, Karlsruhe
Inv. Nr. A 10092

57
Sakeschale
Mumyôi-Keramik, Stein-
zeug, marmorierter Ton
Ito Sekisui V
Niigata, Honshū,
Heisei-Zeit, 2003
H 4,2 cm, ∅ 10 cm
Staatliche Museen zu
Berlin, Museum für
Asiatische Kunst,
Sammlung Dr. Anneliese
und Dr. Wulf Crueger
Inv. Nr.: 2008-145

58
Trembleuse in Imitation
des Imari-Porzellans
Porzellan, Silber,
Auf- und Unterglasur-
malerei, vergoldet
Paul Solanier (Silber-
schmied)
China/Augsburg, um 1700
H 13 cm (gesamt); Tasse:
H 9,1 cm, ∅ 7,5 cm; Unter-
tasse: H 5,5 cm, ∅ 14,2 cm
Badisches Landes-
museum, Karlsruhe
Inv. Nr. 95/862 a–c

59
Gefäße in Form eines
Schlundes
Porzellan, Steinzeug
Katja Sondermann
Pforzheim, 2005
H 22,5 cm (Gefäß links)
Leihgabe der Künstlerin

60
Becher
Holz bemalt
Demokratische Republik
Kongo, Ethnien der Baku-
ba, 19. oder frühes 20. Jh.
9 × 15,5 cm
Staatliche Museen zu
Berlin, Ethnologisches
Museum
Inv. Nr. III C 19806

60
Krug »Ketro metawe«
Ton, modelliert
Araukanien, Chile, Ethnie
der Mapuche, 1897
H 17 cm, ∅ 18 cm
Linden-Museum Stuttgart

61
Gefäß mit dem
Relief einer stehenden
anthropomorphen
Figur und
Kulturpflanzen
Chimbote, Peru, Moche-
Kultur, 0–600 n.Chr.
17,6 × 14 × 11,5 cm
Staatliche Museen zu
Berlin, Ethnologisches
Museum
Inv. Nr. V A 17771

62
Steinnapf für Pulque
Stein
Mexiko, Ethnie der
Mixteken, Postklassik,
15.–16. Jh.
10,9 × 13,5 × 7,9 cm
Staatliche Museen zu
Berlin, Ethnologisches
Museum
Inv. Nr. IV Ca 3370

63
Pilgerflasche
Steinzeug, Glasur
Rheinland, 17. Jh.
30 × 26 cm, ∅ 27 cm
Badisches Landes-
museum, Karlsruhe
Inv. Nr. 57/124

64
Tongefäß mit
Steigbügelausguss und
Darstellung anthro-
pomorpher Bohnen
Ton, Feinmalerei
Nasca, Ica, Peru, Moche-
Kultur, 0–600 n.Chr.
29 × 16 cm
Staatliche Museen zu
Berlin, Ethnologisches
Museum
Inv. Nr. V A 62191

65
Tongefäß mit
Steigbügelausguss
in Form einer
Kartoffelknolle
Ton, Feinmalerei
Peru, Chimú-Kultur,
1000–1450
16,5 × 9,7 × 9,3 cm
Staatliche Museen zu
Berlin, Ethnologisches
Museum
Inv. Nr. V A 571

66
Depas Amphikýpellon
Fund aus den Grabungen
Heinrich Schliemanns
Keramik
Troja, 3. Jh. v. Chr.
H 19–20 cm
Museum der Universität
Tübingen

67
Gefäß »Aribalo«
Ton
Cuzco, Peru, Inka
1450–1550
18,6 × 15 × 11,1 cm
Staatliche Museen zu
Berlin, Ethnologisches
Museum
Inv. Nr. V A 7908

68
Gefäß mit
Steigbügelausguss
in Form einer
Maisgottheit
Ton
Peru, Moche-Kultur,
0–600 n.Chr.
22,1 × 16,1 × 18,9 cm
Staatliche Museen zu
Berlin, Ethnologisches
Museum
Inv. Nr. V A 17824

69
Schokoladenkanne
Porzellan, polychrom
bemalt und vergoldet
Königliche Porzellan-
Manufaktur Meissen
Um 1745
H 16,5 cm, ∅ 11,4 cm
GRASSI Museum für
Angewandte Kunst, Leipzig

70
Tongefäß mit Ausguss
Ton
Zacapa, Guatemala,
Maya, späte Präklassik,
400–300 v. Chr.
9,5 × 16,7 × 15,2 cm
Staatliche Museen zu
Berlin, Ethnologisches
Museum
Inv. Nr. Ca 29727

71
Mokkatasse
»Hallesche Form«
Porzellan, Goldringdekor
Entwurf Marguerite
Friedlaender-Wildenhain,
Trude Petri, Ausführung
Staatliche Porzellan-
Manufaktur Berlin
1930
H 5,5 cm (Tasse),
∅ 13 cm (Untertasse)
Bröhan Museum, Berlin

71
Mokkatasse mit
Untertasse
Porzellan,
Aufglasur-, Email-
und Goldbemalung
Entwurf Max Vopel,
Ausführung Königliche
Porzellan-Manufaktur
Berlin
1902
H 6 cm (Tasse), ∅ 11,5 cm
(Untertasse)
Bröhan Museum, Berlin

72/73
Service
Silber, Türkis, Elfenbein
Entwurf Dagobert Peche
Ausführung Wiener
Werkstätte
Wien, um 1922
17 × 24 × 15 cm (große
Kanne), H 12,5 cm,
∅ 12,5 cm (Dose)
Badisches Landes-
museum, Karlsruhe
Inv. Nr. 81/3

74
Espressotassen
aus Kaffeesatz
Kaffeesatz, Pflanzen-
fasern, Zellulose, Bio-
polymere, formgegossen
Entwurf Julian Lechner,
Ausführung Kaffeeform,
Berlin
2009/2015
4,5 × 9,3 cm (Tasse);
∅ 12 cm (Untertasse)
Badisches Landes-
museum, Karlsruhe
Inv. Nr. 2016/39

75
Henkelbecher mit Fuß
Keramik
Iran, 1250–1000 v. Chr.
H 21 cm, ∅ 11 cm (Bauch),
9 cm (Mündung)
Badisches Landes-
museum, Karlsruhe
Inv. Nr. 55/203

78
Löffel
Silber
Carl Theodor Öhman
Piteå, Schweden, 1859
L 12,7 cm
Deutsches Klingenmuseum
Solingen
Inv. Nr. L.296

79
Sago-Gabel
Geschnitztes Palmholz
Gruppe der Tobati
Papua-Neuguinea, vor
1905
L ca. 22 cm
Collection Wereldmuseum
Inv. Nr. TM-A-585a

79
Jugendstil-
Bestecksatz
Silber
Entwurf Heinrich Vogeler,
Bremen, um 1899
L 20,5 cm (Fischmesser),
18 cm (Fischgabel)
Deutsches Klingenmuseum
Solingen
Inv. Nr. 1979.B.013d,g

80
Dröppelminna
Zinn
Form 3. Viertel 18. Jh.
H 33,5 cm (mit Deckel)
Deutsches Klingenmuseum
Solingen
Inv. Nr. 2025.V.001a-c

81
Teekanne
Silber
Entwurf Paula Straus,
Ausführung Peter
Bruckmann & Söhne
Heilbronn, ab 1931
10 × 20,5 × 17,5 cm
Privatsammlung

82
Löffel
Nautilusmuschel
Ethnien der Asmat und
Marind-Anim,
Papua-Neuguinea,
19./20. Jh.
15,5 × 5 cm
Galerie Meyer Paris

83
Trinkstab für
Matebecher
Metall
Argentinien, modern
20,9 × 2 × 1,05 cm
Staatliche Museen zu
Berlin, Ethnologisches
Museum
Inv. Nr. V A 67217 b

83
Matebecher
Kürbiskalebasse
Argentinien, nach 1900
6,45 × 6 × 5,85 cm
Staatliche Museen zu
Berlin, Ethnologisches
Museum
Inv. Nr. V A 67217 a

84
Sauciere
Geformtes Steingut, auf-
gelegte, geformte Henkel,
bläulich-weiß zinngla-
siert und blau bemalt
Englische Delfter Keramik
einer Liverpooler Töpferei
Um 1745–1760, Rokoko
L 21,5 cm
The Fitzwilliam Museum,
University of Cambridge

84/85
Punschkelle
Silber teilvergoldet,
Holz ebonisiert
Johann Christian Henck
1764
41,1 × 12,3 × 4,8 cm
Germanisches National-
museum, Nürnberg

86
Rhinozeroshornbecher
(Sturzbecher)
Horn des Javanashorns
(Rhinocerus sondaicus)
Südchina, Anfang 17. Jh.
16,2 × 16,5 × 9,5 cm
Kunsthistorisches Museum
Wien, Kunstkammer
Inv. Nr. KK 3742

87
Tulpenbecher mit
Knubbenleiste
Keramik
Michaelsberg, Unter-
grombach,
3800–3700 v. Chr.
H 16,5 cm, Ø 17 cm
(Mündung)
Badisches Landes-
museum, Karlsruhe
Inv. Nr. C 7383

88
Becher »Keru«
Holz geschnitzt, Farb-
pigment, Lackmalerei
Peru, Inka, 16. Jh.
H 24 cm, Ø 20 cm
Linden-Museum Stuttgart

89
Sturzbecher
Glas
Franken, 500–600 n. Chr.
11 × 6,5 cm
Historisches Museum der
Pfalz, Speyer

90
Reliefbecher
mit dionysischen
Attributen
Silber
Arras, Frankreich,
römisch, späte Kaiserzeit,
2.–3. Jh. n. Chr.
H 7,2 cm, Ø 10,5 cm
Kunsthistorisches Museum
Wien, Kunstkammer
Inv. Nr. VIIa 12

90
Schale mit
dionysischer Szene
Silberblech, provinzial-
römisch, späte Kaiserzeit,
2.–3. Jh. n. Chr.
Ø 8,4 cm
Badisches Landes-
museum, Karlsruhe
Inv. Nr. R 954

91
Tongefäß
(zylindrisches Dreibein
mit Relief)
Ton
Mexiko oder Guatemala,
Maya, Spätklassik,
750–900 n. Chr.
18,8 × 11,3 × 11,3 cm
Staatliche Museen zu
Berlin, Ethnologisches
Museum
Inv. Nr. IV Ca 50113

91
Deckelhumpen mit
christlichen Szenen,
vermutlich für
liturgischen Gebrauch
Joachim Scholz
Leszno (dt. Lissa), Polen,
um 1680
16,9 × 19,8 cm, Ø 14 cm
Germanisches National-
museum, Nürnberg,
Leihgabe der Bundes-
republik Deutschland

92
Deckeldose in Form
einer Zitrone
Silber, gegossen,
getrieben, teilvergoldet
Christopher Friedrich
Wegener, Meister in
St. Petersburg
St. Petersburg, um 1775
8,8 × 16,8 × 13,6 cm
Germanisches National-
museum, Nürnberg

93
Terrine in Form
einer Melone
Fayence, Scharffeuer-
farben
Maler Jucht
Bayreuth, um 1740
11,2 × 19,2 × 12,5 cm
Germanisches National-
museum, Nürnberg,
Leihgabe der Museen
der Stadt Nürnberg,
Kunstsammlungen

94
Schokoladenservice
(Trembleuse)
Patengeschenk für
Mariana Antonia von
Raunen (* 15. März 1780)
Silber, Porzellan, Glas
Johann Jacob Adam
Augsburg und Meissen,
1779/80
H 6,9 cm, Ø 6,5 cm

(Porzellantasse)
Germanisches National-
museum, Nürnberg

95
Armschmuck »Spirale«
Seelachshaut
Ran-ran Zhang
Seoul, 2025
12 × 12 × 4,5 cm
Die Neue Sammlung –
The Design Museum,
München

96
Becher
Silber
Peru, Chimú-/Inkastil,
11.–16. Jh.
H 13,5 cm, Ø 7,8 cm
Museum Fünf Kontinente
München

97
Tongefäß in Kürbisform
Ton, bemalt
Colima, Mexiko,
300 v. Chr.–300 n. Chr.
20,4 × 28 × 28 cm
Staatliche Museen zu
Berlin, Ethnologisches
Museum
Inv. Nr. IV Ca 34460

98
Dreifüßige
Reibeschüssel
Ton, modelliert, bemalt,
gekerbt
Mexiko, Azteken,
1300–1521
H 9 cm, Ø 18,5 cm
Linden-Museum Stuttgart

99
Kawaschale
Holz
H 16,5 cm, Ø 52,5 cm
Samoa, 2021
Linden-Museum Stuttgart

100
Tongefäß mit Darstel-
lung eines Gürteltiers
Ton
Teotihuácan, Mexiko,
Klassik, Xolalpan-Phase,
350–450 n. Chr.
12 × 17,5 × 10,4 cm
Staatliche Museen zu
Berlin, Ethnologisches
Museum
Inv. Nr. IV Ca 35750

101
Schale
Horn
British Columbia, Ethnie
der Haida, um 1880
11,5 × 19 × 17 cm
GRASSI Museum für
Völkerkunde zu Leipzig

102/103
Löffel für Tran
Holz
Nordamerika, Ethnie der
Haida, Ende 19. Jh.
27 × 93,5 × 30 cm
GRASSI Museum für
Völkerkunde zu Leipzig

106
Halsschmuck »Rezept
für Widerwillen«
Harz, Signiertinte,
Aluminium
Gang-yeon Lee
Seoul, 2025
15 × 42 × 9 cm
Die Neue Sammlung –
The Design Museum,
München

107
Zwei Salzschälchen
Achat (oben) bzw. Jaspis
(unten), Silber vergoldet
Italien, Anfang 16. Jh.
H 3,1 cm, Ø 6,3 cm (oben)
H 2,8 cm, Ø 6,7 cm (unten)
Kunsthistorisches Museum
Wien, Kunstkammer
Inv. Nr. KK 8006 (oben)
Inv. Nr. KK 8007 (unten)

107
Löffel
Bergkristall, Silber
vergoldet
Süddeutschland, 2. Hälfte
16. Jh. (Schliff wohl
Freiburg i. Br.)
L 11,9 cm
Kunsthistorisches Museum
Wien, Kunstkammer
Inv. Nr. KK 1356

108
Messer
Bronze
Ägypten, um 1400 v. Chr.
L 18,4 cm
Deutsches Klingenmuseum
Solingen
Inv. Nr. 1974.B.001

109
Schalen mit
Handabdrücken
Porzellan
Katja Sondermann
Pforzheim, 2006
27,6 × 15,5 cm
Leihgabe der Künstlerin

110
Muschelöffner
Feuerstein
Dänemark, Neolithikum,
um 4000–1800 v. Chr.
9,2 × 3,5 cm
Deutsches Klingenmuseum
Solingen
Inv. Nr. 1957.W.068

111
Porzellanteller mit
Handabdrücken
Porzellan
Katja Sondermann
Pforzheim, 2006
Ø 25,5 cm
Leihgabe der Künstlerin

112
Schale der Gattung
»Weiße Ware«
Quarzkeramik, Glasur,
Reiskorn- und Ritzdekor,
Craquelé
Rayy, Iran, Seldschuken-
Dynastie, 12.–13. Jh.
H 6,9 cm, Ø 14,4 cm (ge-
samt), 5,5 cm (Standring)
Badisches Landes-
museum, Karlsruhe
Inv. Nr. A 12372

113
Henkelschale mit Fuß
Glas – die Schale als
Fadenglas mit zweigartig
zusammengezogenen
Milchglasstreifen, die Henkel mit gerippten Rücken
aus blauer Glasmasse
Venedig (?), spätes
17./frühes 18. Jh.
5,6 × 12,4 cm, Ø 8,4 cm
Germanisches National-
museum, Nürnberg

114
Flugzeugbesteck, dem
Lufthansa-Besteck der
1930er Jahre ähnelnd
Metall
Kasachstan (?), um 2015
L 18 cm (Messer)
Privatsammlung

115
Römisches »Taschen-
messer« mit dreizinkiger
Gabel, Löffel, Spatel,
Pickel, Dorn und Messer
Eisen, Silber
Mittelmeerraum,
201–300 n. Chr., mittlere
römische Kaiserzeit
8,8 × 15,5 cm
The Fitzwilliam Museum,
University of Cambridge

116
Löffel und Gabel, mit
einer Kette verbunden
Holz
Grönland, Anfang 19. Jh.
L 12,5 cm (Kette)
Deutsches Klingenmuseum
Solingen
Inv. Nr. 1992.NRW.154G#1

117
Löffel
Rentiergeweih
Sápmi, Kulturraum der
Sámi, Anfang 20. Jh.
0,2 × 13 × 4,8 cm
Museum Fünf Kontinente
München

118
Kinderlöffel und
Schieber
Alpacca versilbert
Großbritannien, 1920–1930
L 10 cm
Deutsches Klingenmuseum
Solingen
Inv. Nr. 2012.B.163a-f

119
Prunkbesteck
Stahl und Silber,
je teilvergoldet
Süddeutschland, um 1600
L 15 cm (Messer)
Deutsches Klingenmuseum
Solingen
Inv. Nr. 2006.M.095

120
Mokkalöffel
Silber teilvergoldet
China,
Qing-Dynastie, Xuantong-
Periode, 1908–1912
L 9 cm
Museum für Ostasiatische
Kunst Köln, Cd 2023, 1a-f

121
Messer
Beinknochen vom Elch
Jämtland, Schweden,
Sámi, vor 1916
L 22 cm
Museum Fünf Kontinente
München

121
Messer zum Auslösen
der essbaren Haut aus
Fichtenrinden
Knochen
Sápmi, Kulturraum der
Sámi, Finnland, Ende 19. Jh.
L 20 cm
Museum Fünf Kontinente
München

122
»Hurra, wir servieren
Hepp-Silber«
Gebrüder Hepp GmbH
Pforzheim: Hotel-Silber –
Bestecke. Katalog-Auszug
No. 29, Pforzheim,
Innentitel
Stadtarchiv Pforzheim
Sign. Rj Hep 123

123
Hotel-Silber – Bestecke
Gebrüder Hepp GmbH
Pforzheim: Hotel-Silber –
Bestecke. Katalog-Auszug
No. 29, Pforzheim, S. 25
Stadtarchiv Pforzheim
Sign. Rj Hep 123

126
Becher aus Fadenglas
Venedig, 16./17. Jh.
H 10,3 cm, ⌀ 8,5 cm
Germanisches National-
museum, Nürnberg

127
Kelchglas
Glas
Entwurf Peter Behrens,
Ausführung Rheinische
Glashütten-AG,
Köln-Ehrenfeld, 1900
H 21,5 cm
Bröhan Museum, Berlin

128
Deckelpokal mit
Insektendarstellungen
Glas, geschnitten
Süddeutschland, 1. Hälfte
18. Jh.
H 28,9 cm (mit Deckel),
⌀ 10,8 cm
Germanisches National-
museum, Nürnberg

129
Champagnerglas aus
dem »Mousselinglas-
Service«
Teilvergoldetes Kristall-
glas, Doppeladler
graviert, Goldrand aufge-
schmolzen
J. & L. Lobmeyr,
Entwurf Ludwig Lobmeyr
Wien, 1891
H 17,8 cm, ⌀ 6,6 cm
Bundesmobilienver-
waltung, Silberkammer,
Hofburg Wien

130
Bordeauxglas
(Prismenschliffservice)
Glas
Joseph Rohrweck (?),
Adlergravierung von
J. & L. Lobmeyr (?)
Wien, 1898
H 11,5 cm, ⌀ 7 cm
Bundesmobilienver-
waltung, Silberkammer,
Hofburg Wien

131
Palmweinbecher
Holz, geschnitzt und mit
Bandornamentik verziert
Demokratische Republik
Kongo, Ethnien der
Bakuba, vor 1894
H 17,5 cm, ⌀ 7,5 cm
GRASSI Museum für
Völkerkunde zu Leipzig

132
Wasserglas Dal-Ben
Mundgeblasenes Glas
Entwurf Michael
Schwarzmüller und
Sternekoch Daniel Dal-Ben,
»Restaurant 1876« in
Düsseldorf, Ausführung
Schwarzmüllerglas
Karlsruhe, 2019
H ca. 10,5 cm, ⌀ ca. 7,5 cm
Schwarzmüllerglas

133
Schlanke Flasche
Keramik
Hochstetten, 150–15 v. Chr.
H 28,7 cm, ⌀ 7,3 cm
(Mündung), 11,5 cm (Bauch)
Badisches Landes-
museum, Karlsruhe
Inv. Nr. 52/4b

135
Japanische Teeschale
»Kintsugi-Chawan«
Keramik, titanoxidierter
Glimmerstaub in
Kintsugitechnik
Yasutaka Okamura
Pforzheim, 2023
H 5,2 cm, ⌀ 8,9 cm

135
Objekt »Gespaltene
Gesellschaft 1«
Keramik, titanoxidierter
Glimmerstaub in
Kintsugitechnik
Yasutaka Okamura
Pforzheim, 2024
5,6 × 8,4 × 6,2 cm

136
Teeschale »Gespaltene
Gesellschaft 2«
Keramik, titanoxidierter
Glimmerstaub in
Kintsugitechnik
Yasutaka Okamura
Pforzheim, 2024
H 6,5 cm, ⌀ 6,5 cm

137
Teeschale (Chawan)
Steinzeug, Gold, Gold-
lackreparatur vom Typ
»Kurosaka«
Japan, Edo-Zeit, 17. Jh.
H 8 cm, ⌀ 11,9 cm
Badisches Landes-
museum, Karlsruhe
Inv. Nr. A 12075

138
Teebehälter
Steinzeug, schwarze
und strohfarbene Glasur,
Kintsugi-Goldlack-
reparatur
Satsuma, Japan, Edo-Zeit
(1603–1868)
H 19 cm
Museum für Ostasiatische
Kunst Köln
Inv. Nr. F 09,26

139
Ohren-Schale
Fayence, Lüstermalerei
Valencia, Spanien,
17.–18. Jh.
4,5 × 17,5 cm, ⌀ 12,3 cm
Badisches Landes-
museum, Karlsruhe
Inv. Nr. 2004/583-39

140
Gefäß mit Darstellung
von Früchten oder
Chilischoten
Ton, Engobe
Nazca, Peru,
100 v. Chr.–700 n. Chr.
H 12 cm
Museum Fünf Kontinente
München

141
Nachbildung eines
Granatapfels als
Grabbeigabe
Keramik
Haupttor Dipylon (?),
Athen, 2.–3. Viertel
8. Jh. v. Chr.
H 9,8 cm
Museum der Universität
Tübingen

142
Sianaschale, Kylix mit
Symposionszene
Keramik
Griechenland, attisch,
560 v. Chr.
H 13,2 cm, ⌀ 25,8 cm
Museum der Universität
Tübingen

143
Geometrische Kanne
mit Reigentanz
Keramik
Griechenland, attisch,
760–750 v. Chr.
32,5 × 22 cm
Museum der Universität
Tübingen

147
Installation Tableware
Beton
Elisabeth Heine
Pforzheim, 2023

148
Teller mit
Kranichdekor
Porzellan
Japan, Edo-Zeit, 19. Jh.
H 3 cm, ⌀ 24,8 cm, 14,4 cm
(Fuß)
Museum Fünf Kontinente
München

149
Teller mit
floralen Motiven
Quarz-Fritte-Keramik
H 6 cm, ⌀ 29,2 cm
Iznik, Provinz Bursa,
Osmanisches Reich,
2. Hälfte 17. Jh.
Museum Fünf Kontinente
München

150
Dessertbesteck
bestehend aus Messer,
Gabel und Löffel
Silber vergoldet,
Stahlklinge

Martin-Guillaume Biennais
Paris, 1808–1811
L 20,5 cm (Messer)
Bundesmobilienver-
waltung, Silberkammer,
Hofburg Wien

151
Speiseteller
(Vermeil-Service)
Silber vergoldet
Martin-Guillaume Biennais,
Paris, um 1798/1809, und
Mayerhofer & Klinkosch,
Wien, 1854/1859
H 2,3 cm, ⌀ 24 cm
Bundesmobilienver-
waltung, Silberkammer,
Hofburg Wien

151
Blumenteller
»Rosa centifolia« aus
der Serie der Blumen-
teller der Wiener
Porzellanmanufaktur
für die Silberkammer
Porzellan
Albin Denk, Wien,
um 1900
H 3,1 cm, ⌀ 23,7 cm
Bundesmobilienver-
waltung, Silberkammer,
Hofburg Wien

152
Schale mit orientali-
scher Tradition
Porzellan
Finnland, 1957
H 6 cm, ⌀ 12,3 cm
Badisches Landes-
museum, Karlsruhe
Inv. Nr. LGA 961

153
Suppenteller
»Kamana«
Ton
Mittlerer Sepik,
Papua-Neuguinea
Ethnie der Sawos, 20. Jh.
14,7 × 26 cm
Galerie Meyer, Paris

154
Speiseschale mit Relief
menschlicher Köpfe,
die Geister der Ahnen
repräsentierend
Holz, geschnitzt
Nordufer des Sepik-Deltas,
Papua-Neuguinea,
19. Jh. oder früher
30,2 × 28, × 5,5 cm
Galerie Meyer, Paris

155
Krug mit zwei
menschlichen Figuren
Ton, modelliert, bemalt,
geformt, Engobe
Peru, Moche-Kultur,
4.–6. Jh.
H 16 cm
Linden-Museum Stuttgart

155
Löffel
Holz
Taiwan, Ethnie der
Paiwan, 19. Jh.
20 × 7,8 cm
Museum Fünf Kontinente
München

156/157
Löffel
Holz
Luzon, Philippinen,
Ifugao-Kultur
L 36,3 cm, B 9,2 cm, H 6 cm
Linden-Museum Stuttgart

158
Becher »Keru«
Holz, bemalt
Ollantaytambo, Peru,
Inka, kolonial, nach 1550
19,8 × 16,4 × 16,8 cm
Staatliche Museen zu
Berlin, Ethnologisches
Museum
Inv. Nr. V A 368

159
Sagogefäß »Damarau«
Ton
Aibom, Ost-Sepik,
Papua-Neuguinea, 20. Jh.
56 × 43 cm
Galerie Meyer, Paris

160
Kopfgefäß
Keramik
Apulisch,
um 340–320 v. Chr.
H 16,5 cm, Ø 9,5 cm
(Mündung)
Museum der Universität
Tübingen

161
Trinkbecher
Holz, Kupfer
Demokratische Republik
Kongo, Ethnien der
Bakuba, 19. – frühes 20. Jh.
H 15,5 cm
Staatliche Museen zu
Berlin, Ethnologisches
Museum
Inv. Nr. III C 19640

162/163
Zeremonialkeramik mit
Gesicht »Ani Chomo«
Keramik, Engobe, Harz
Ucayali, Peru, Ethnie der
Shipibo-Conibo, 1963–1992
H 52 cm, Ø 23 cm (Öffnung)
Museum Fünf Kontinente
München

165
Teekanne mit
applizierten
»Schneeballblüten«
Porzellan, Emailglasuren
Jingdezhen (?), Provinz
Jiangxi, China, Yong-
zheng-Periode, 1723–1735

10,2 × 17,2 cm, Ø 10,5 cm,
4 cm (Öffnung)
Museum für Ostasiatische
Kunst Köln
Inv. Nr. F 2019,1

166
Koppchen
Porzellan, polychrom
staffiert und vergoldet
Johann Joachim Kaend-
ler, Königliche Porzellan-
Manufaktur Meissen
Um 1740
H 4,2 cm, Ø 6,5 cm
GRASSI Museum für
Angewandte Kunst, Leipzig

167
»Megarischer Becher«
(Reliefbecher mit
Delphinreiter und
floralem Dekor)
Keramik
Hellenistisch, 2. Jh. v. Chr.
H 5,6 cm, Ø 11,5 cm
Museum der Universität
Tübingen

168
Goldschale
von Eberswalde
Gold
Eberswalde, Branden-
burg, 1000 v. Chr.
H 6,3 cm, Ø 9,6 cm
Museum der Universität
Tübingen

169
Opferschale
Silber
Myanmar, Ethnie der
Bamar, 19. Jh.
H 13 cm, Ø 18 cm
Linden-Museum Stuttgart

172
Schnabelkanne mit
berittenem Jäger und
Hirsch
Bronze gegossen
Iran, 1000–800 v. Chr.
H 12,7 cm, L 12,7 cm,
Ø 8,8 cm, L (Schnabel)
11,5 cm
Badisches Landes-
museum, Karlsruhe
Inv. Nr. 66/157

173
Skyphos,
Kabirenbecher
Scherben, schwarz-
figurige Vasenmalerei
Böotien, Griechenland,
um 400 v. Chr.
H 18 cm
Badisches Landes-
museum, Karlsruhe
Inv. Nr. B 2586

174
Schale
Keramik mit gelbrauher
Glasur
Kyoto, 18. Jh. (?)
H 9,5 cm, Ø 12,8 cm
Ethnologische Sammlung
des Museum Natur und
Mensch, Städtische
Museen Freiburg
Inv. Nr. V 1364

174
Fischteller
Keramik
Italien, kampanisch,
3. Viertel 4. Jh. v. Chr.
H 3,5 cm, Ø 17,9 cm
Museum der Universität
Tübingen

175
Schale in der Form
eines Heilbutts
Holz, geschnitzt und
bemalt
Clifford George,
Nuu-chah-nulth-Künstler
Vancouver Island,
Kanada, 1996–2000
5 × 30,5 × 17 cm
GRASSI Museum für
Völkerkunde zu Leipzig

176/177
Speiseschale in Gestalt
eines Hundes
Holz, Pigment
Admiralitäts-Inseln,
Manus Province,
Papua-Neuguinea,
Anfang 20. Jh.
11 × 39 × 7,7 cm
Linden-Museum Stuttgart

177
Trinkgefäß »Goldene
Sau von Kandern«
(Nachbildung)
Messing
Kandern, um 1605
H 26,5 cm
Landesforstverwaltung
Baden-Württemberg,
Forstdirektion Freiburg

Beitrag
Heike Zech

34 *Abb. 1*
Pokal des Nürnberger
Lebküchnerhandwerks
(Teil eines Paares)
Silber vergoldet
Nicolaus Hieronymus
Höfler
1683
H 39 cm, Ø 9 cm (Fuß),
8 cm (Lippenrand)
Germanisches National-
museum, Nürnberg

34 *Abb. 2*
Fingerhutpokal,
Becher des
Nürnberger
Schneiderhandwerks
Silber vergoldet
Elias Lencker
1586
H 24,2 cm, Ø 11,5 cm
Germanisches National-
museum, Nürnberg,
Leihgabe der Museen der
Stadt Nürnberg, Kunst-
sammlungen

Beitrag
Andreas Volz

211 *Abb. 1*
Salzgefäß mit
portugiesischen
Figuren
Elfenbein
Sapi, Nigeria (Hof von
Owo) oder Benin, um
1525–1600
The Metropolitan Muse-
um of Art, Louise V. Bell
and Rogers Fund
Inv. Nr. 1972.63a, b

213 *Abb. 2*
Kakaogefäß mit
floralem Muster
Keramik, Pigment, Stuck-
verzierung
Guatemala, Maya,
spätklassisch
Yale University Art
Gallery, Stephen Carlton
Clark, B.A. 1903, Fund

215 *Abb. 3*
Jícara oder Coco
chocolatero, Schoko-
ladenbecher
Kokosnuss-Schale, poliert
und graviert, Silber
Mexiko oder Guatemala,
17.–18. Jh.
Los Angeles County
Museum of Art

216 *Abb. 4*
Ritualgefäß Paccha
Keramik, Schlicker
Peru, Inka, 1400–1535
The Metropolitan
Museum of Art, Rogers
Fund, 1986
Inv. Nr. 1986.383.1

218 *Abb. 5*
Ritual-Schöpfkelle
»Wunkirmian« oder
»Wakemia«
Holz, Bindfaden, Harz (?)
Elfenbeinküste, Ethnie
der Dan, spätes 19. oder
frühes 20. Jh.
The Cleveland Museum of
Art, Severance and Greta
Millikin Trust

Tafelsituationen

180
Krönungsbankett von
Joseph II.
nach der Krönung zum
Römischen König im
Römer in Frankfurt/Main
am 3. April 1764
Öl auf Leinwand
Wien, Werkstatt Martin
van Meytens, 1764
Sammlung Bundes-
mobilienverwaltung

182
Die Geschichte von
Bayâd und Riyâd
(»Hadîth Bayâd wa
Riyâd«)
Szene: Bayâd singt zur
Laute vor der Herrin
und ihren Dienerinnen
Maghrebinisches
Manuskript/Buchmalerei
Papier
13. Jh.
Vatikan, Bibliotheca
Apostolica

183
Das Menuett
Hieronymus Janssens
Kupfer
Um 1670
Bayerische Staats-
gemäldesammlungen –
Staatsgalerie im Neuen
Schloss Schleißheim
Inv. Nr. 5675

184
Römisches Bankett
Fresko
Herculaneum, pompeia-
nisch, 50–79 n. Chr.
Museo Archeologico
Nazionale di Napoli

185
Wandteppich von
Bayeux (Detail)
Cl. Ville de Bayeux, 11. Jh.

186
Frühstücksstillleben
Willem Claesz. Heda
Ölfarbe, Eichenholz
Um 1635
Staatliche Kunsthalle
Karlsruhe

187
Das Hochzeitsmahl
von Großherzog
Ferdinando I. und
Christine von
Lothringen
Domenico Cresti,
gen. Passignano, um 1589
Öl auf Leinwand
150,5 × 205,5 cm
Wien, Kunsthistorisches
Museum, Gemäldegalerie
Inv. Nr. 1522

245

187
Kaiserliches
Gedeck-Arrangement
bestehend aus
• Blätterschliffservice
für Galatafeln, Ludwig
Lobmeyr (1829–1917)
Entwurf, J. & L. Lobmeyr,
1864–1866, Doppeladler
Gravierung wahrschein-
lich Ergänzung 1898
J. & L. Lobmeyr
• Blumenteller »Rosa
centifolia« 180076/028
aus der Serie der Blumen-
teller der Wiener Por-
zellanmanufaktur für
die Silberkammer, Albin
Denk, Wien um 1900
• Grand Vermeil Service,
Martin-Guillaume
Biennais, Paris,
um 1798/1809, und
Mayerhofer & Klinkosch,
Wien, 1854/1859
• Serviette in Kaiser-
faltung, Regenhart &
Rayman, Leinendamast,
19. Jh.
Sammlung: Bundes-
mobilienverwaltung
Objektstandort: Silber-
kammer, Hofburg Wien

188
Die Familie des Herzogs
von Penthièvre im
Jahre 1768 oder »Die
Tasse Schokolade«
Jean-Baptiste
Charpentier d. Ä.
Öl auf Leinwand
Um 1768

189
Szene im Café
Ernst Ludwig Kirchner
Öl auf Leinwand
Um 1926
Städel Museum, Frankfurt
Inv. Nr. 2468

190/191
Das Fest des Acheloüs
Peter Paul Rubens
Öl auf Leinwand
Um 1615
The Metropolitan
Museum of Art, New York

192
Die Maqâmât von Aboû
Moḥammad al-Qâsim
ibn ʿAlî al-Ḥarîrî,
gemeinsame Mahlzeit
von gebratenem Fleisch
mit Brot und Dip
Arabische Handschrift
13. Jh.
Bibliothèque nationale
de France, Abteilung für
Handschriften

193
Kaffeetafel
Deutscher Meister
Öl auf Leinwand
18. Jh.
Staatliche Kunsthalle
Karlsruhe

193
Stillleben mit
Zinnkanne, Schinken
und Silberbecher
Pieter Claesz.
Um 1639
Bayerische Staats-
gemäldesammlungen –
Alte Pinakothek München
Inv. Nr. 157

194
Doppelporträt eines
älteren Ehepaars
Lucas Valckenborch
(1535–1597)
Öl auf Leinwand
Undatiert
Nationalmuseum
Stockholm

195
Die Herzöge von York,
Gloucester und Irland
dinieren mit König
Richard II.
Chronique d'Angleterre
(Volume III)
Brügge, spätes 15. Jh.
British Library

196
Hotel-Silber – Bestecke
Gebrüder Hepp GmbH
Pforzheim
Katalog-Auszug No. 29,
Pforzheim, S. 30
Stadtarchiv Pforzheim
Sign. Rj Hep 123

196
Teehaus an der
Weidenbrücke
Utagawa Hiroshige
Blockdruck, Tinte und
Farbe auf Papier
Utagawa-Schule,
um 1835–1842

197
Das Mittagessen
Claude Monet
Öl auf Leinwand
1868/69
Städel Museum,
Frankfurt
Inv. Nr. SG 170

198
Großes Schauessen
mit Papagei
Georg Flegel
Öl auf Kupfer
Um 1620
Bayerische Staats-
gemäldesammlungen –
Alte Pinakothek München
Inv. Nr. 1622

Bildnachweis

Es wurden alle zumutba-
ren Anstrengungen unter-
nommen, um die Inhaber
der Urheberrechte zu
ermitteln, sie zu kontak-
tieren und ihre Zustim-
mung zur Verwendung des
urheberrechtlich gschütz-
ten Materials einzuholen.
Doch nicht in jedem
Fall ließ sich ein Kontakt
herstellen. Solche und
möglicherweise versehent-
lich übersehene Urheber-
rechtsinhaber werden
gebeten, den Herausgeber
zu kontaktieren. Berech-
tigte Ansprüche werden
nach den üblichen Verein-
barungen abgewickelt.

Umschlagabbildungen
vorne: © The Fitzwilliam
Museum, University of
Cambridge *oben*;
Dirk Eisel *unten*
hinten: Museum der
Universität Tübingen,
Michael Rogosch

Archäologisches
Landesmuseum Baden-
Württemberg, Matthias
Hoffmann: 44

Badisches Landes-
museum, Karlsruhe
Peter Gaul: 2, 29, 55 *unten*,
74, 75, 87, 133, 172; Thomas
Goldschmidt: 21, 25, 26, 31,
38, 42, 48, 52, 53, 56, 58,
63, 72/73, 90 *unten*, 112, 137,
139, 173, 255; Thomas Goldschmidt, Arabia Brand:
152; Philip Radowitz: 49

Bibliothèque nationale
de France, Abteilung für
Handschriften: 192

bpk
• Bayerische Staats-
gemäldesammlungen:
183, 193 *unten*, 198
• Bröhan Museum / Martin
Adam: 37, 71 *unten*, 127
• Bröhan Museum / Ronald
Gerhardt: 71 *oben*
• Grand Palais
Rmn / Gérard Blot: 188
• The Metropolitan Museum
of Art: 190/191, 196 *unten*
• Städel Museum: 189, 197

British Library: 195

© Bundesmobilienver-
waltung, Silberkammer,
Hofburg Wien
Marianne Haller: 150;
Aline Schwabl / Julia
Zauner: 187 *unten*; Julia
Zauner: 129, 130, 151

© Bundesmobilienverwal-
tung, Sammlung: Bundes-
mobilienverwaltung,
Edgar Knaack: 178 & 180

© The Cleveland Museum
of Art, Accession Number
2013.52: 218/Abb. 5

Cl. Ville de Bayeux: 185

Collection Wereldmuseum:
79 *links*

Deutsches Klingen-
museum Solingen,
Lutz Hoffmeister: 1, 6, 7, 8,
23, 24, 78, 79 *rechts*, 80, 108,
110, 116, 118, 119

Dirk Eisel: 28

Ethnologische Sammlung
des Museums Natur und
Mensch, Städtische Mu-
seen Freiburg, Axel Killian:
3 *oben*, 54, 174 *oben*

© The Fitzwilliam Museum,
University of Cambridge:
55 *oben*, 84 *unten*, 115

© Galerie Meyer, Paris:
15 & 16, 22, 82, 153, 154, 159

Gemeinfrei: 182

Germanisches National-
museum, Nürnberg:
46, 47, 84/85; G. Janßen:
91 *unten*, 93, 94, 113, 126,
128, 34/Abb. 2; M. Runge:
39, 45, 92, 34/Abb. 1

Goldschmiedeschule
mit Uhrmacherschule
Pforzheim: 232/233

© GRASSI Museum
für Angewandte Kunst,
Leipzig
Karola Bauer: 69
Esther Hoyer: 166

© GRASSI Museum für
Völkerkunde zu Leipzig,
Staatliche Kunstsamm-
lungen Dresden: 33
Esther Hoyer: 43
Kathrin Krüger: 2/3, 30
Melanie Meier: 101, 102/103,
175; Lena Suits: 131

Petra Jaschke: 59, 109,
111, 114, 135, 136

Jüdisches Museum
Berlin, Jens Ziehe: 27

Landesforstverwaltung/
RP Freiburg, Bernd Nold:
177 *oben*

Tilo Keller: 147

© KHM-Museumsverband,
Kunstkammer: 86,
90 *oben*, 107

© KHM-Museumsverband,
Gemäldegalerie: 187 *oben*

© Linden-Museum
Stuttgart, D. Drasdow:
60 *unten*, 88, 98, 99, 155 *oben*,
156/157, 169, 176/177

© Los Angeles County
Museum of Art, Accession
Number 2015.69.3:
215/Abb. 3

© The Metropolitan
Museum of Art:
211/Abb. 1, 216/Abb. 4

Su concessione del Minis-
tero della Cultura – Museo
Archeologico Nazionale di
Napoli – foto di Giorgio
Albano: 184

Museum für Ostasiatische
Kunst Köln, Historisches
Archiv der Stadt Köln mit
Rheinischem Bildarchiv,
Marion Mennicken
RBA d065279_01: 120
RBA d065278_01: 10, 138
RBA d052181_08: 165,
249/250

Museum der Universität
Tübingen, Michael
Rogosch: 36, 40, 66, 141, 142,
143, 160, 167, 168, 174 *unten*

Museum Fünf Kontinente
München
Nicolai Käster: 121, 140,
148, 155 *unten*, 162/163
Marietta Weidner: 20, 32,
96, 117, 149

Die Neue Sammlung –
The Design Museum,
Sangdeok Han: 95, 106

Michael Schwarzmüller:
132, 254

Nationalmuseum Stock-
holm, Erik Cornelius: 194

Speyer, Historisches
Museum der Pfalz,
Christine Lincke: 89

Staatliche Kunsthalle
Karlsruhe: 186, 193 *oben*

© Staatliche Museen zu
Berlin, Museum für
Asiatische Kunst,
Thomas Naethe: 57

© Staatliche Museen zu
Berlin, Ethnologisches
Museum
Martin Franken: 62, 64,
70, 83, 97, 158, 161, 252/253;
Claudia Obrocki: 4/5, 41, 60
oben, 61, 65, 67, 68, 91 *oben*,
100, 251, 256

Stadtarchiv Pforzheim:
122, 123, 196 *oben*

Andreas Volz: 220–231

© Yale University Art
Gallery, Accession Number
1989.96.1: 213/Abb. 2

Jens Ziehe: 81

Herausgabe und Gesamtleitung
Friederike Zobel
Katja Poljanac
Isabel Schmidt-Mappes

Autorinnen und Autoren
Dr. Isabell Immel
Dr. Schoole Mostafawy
Katja Poljanac
Dr. Paulus Rainer
Isabel Schmidt-Mappes
Dr. Harald Stahl
Dr. Daniel Suebsman
Dr. Sabine Tiedtke
Dr. Andreas Volz
Dr. Heike Zech
Friederike Zobel

Konzeption
Katja Poljanac
Isabel Schmidt-Mappes

(Bild-)Redaktion und Lektorat
im Schmuckmuseum
Isabel Schmidt-Mappes

arnoldsche Projektbetreuung
Lotta Sedlacek

arnoldsche Lektorat
Saskia Breitling

Gestaltung
Ina Bauer Studio, Stuttgart

Offset Reproduktion
Schwabenrepro, Fellbach

Druck
Schleunungdruck, Marktheidenfeld

Buchbinder
Buchbinderei Schaumann, Darmstadt

Papier
Arena Natural Rough, 140 g/m²
Wibalin Natural Salmon

Bibliografische Information der
Deutschen Nationalbibliothek
Die Deutsche Nationalbibliothek
verzeichnet diese Publikation in
der Deutschen Nationalbibliografie;
detaillierte bibliografische Daten
sind über www.dnb.de abrufbar.

ISBN 978-3-89790-746-1

Made in Germany, 2025

Dieses Buch entstand mit
großzügiger Unterstützung der
Werner Wild Stiftung.

WERNER WILD
STIFTUNG